BRAD INWOOD

STOIZISMUS FÜR EILIGE

EINE EINFÜHRUNG

BRAD INWOOD

STOIZISMUS FÜR EILIGE

EINE EINFÜHRUNG

Bibliografische Information der Deutschen Nationalbibliothek
Die Deutsche Nationalbibliothek verzeichnet diese Publikation in der Deutschen Nationalbibliografie. Detaillierte bibliografische Daten sind im Internet über https://dnb.de abrufbar.

Für Fragen und Anregungen
info@m-vg.de

Wichtiger Hinweis
Ausschließlich zum Zweck der besseren Lesbarkeit wurde auf eine genderspezifische Schreibweise sowie eine Mehrfachbezeichnung verzichtet. Alle personenbezogenen Bezeichnungen sind somit geschlechtsneutral zu verstehen.

1. Auflage 2024

Türkenstraße 89
80799 München
Tel.: 089 651285-0

Die englische Originalausgabe erschien 2018 bei Oxford University Press unter dem Titel *Stoicism. A very short introduction.* © 2018 by Brad Inwood. All rights reserved.

Übersetzung: Kerstin Brömer
Redaktion: Ulrike Reinen
Umschlaggestaltung: Marc-Torben Fischer
Umschlagabbildung: Adobe Stock/Olena
Satz: Kerstin Stein
Druck: GGP Media GmbH, Pößneck
Printed in Germany

ISBN Print 978-3-95972-798-3
ISBN E-Book (PDF) 978-3-98609-557-4
ISBN E-Book (EPUB, Mobi) 978-3-98609-558-1

INHALT

DANKSAGUNG

Ich lese, spreche und schreibe schon seit Langem über Stoizismus und schulde daher meinen Lehrern, Kollegen, Studenten, Freunden und Familienmitgliedern eine Menge – mehr, als ich aufzählen könnte. Für dieses Projekt bin ich drei Freunden, die eine frühere Version des Buches gelesen und mich beraten haben, zu besonderem Dank verpflichtet: Ryan Balot und John Magee in Toronto sowie Raphael Woolf in London. Ihre Kenntnisse halfen mir, das Buch in vielerlei Hinsicht zu verbessern, und dafür sowie für die wertvolle intellektuelle Kameradschaft danke ich ihnen allen herzlich. Zudem bin ich den Lektoren bei Oxford University Press und ihrem anonymen Leser dankbar, dass sie das Projekt auf Kurs gehalten haben. Meine tiefste Dankbarkeit gilt jedoch meiner Frau, Niko Scharer, *sine qua non.*

KAPITEL 1

DER STOIZISMUS DER ANTIKE UND DAS LEBEN IN DER HEUTIGEN ZEIT

Sage dir bei Tagesanbruch: »Heute treffe ich auf aufdringliche, undankbare, anmaßende, betrügerische, neidische und unsoziale Menschen. All diese Fehler sind Folgen dessen, dass sie das Gute nicht vom Bösen unterscheiden können.«

(Mark Aurel, *Selbstbetrachtungen* 2.1)

Was für ein Start in den Tag! Aber vermutlich geht es vielen von uns an den meisten Tagen tatsächlich so. Wenn Sie nicht gerade ein privilegiertes Leben führen, sehen Sie sich wahrscheinlich einigen Unannehmlichkeiten ausgesetzt, für die häufig Ihre Mitmenschen verantwortlich sind. Mark Aurel, Kaiser von Rom, sah dieser düsteren Tatsache offen ins Auge. Das obige Zitat ist der erste Rat, den er sich selbst in seinem philosophischen Tagebuch gab – und den würde man wohl kaum als aufbauend bezeichnen. Fairerweise muss man allerdings sagen, dass Mark Aurel oft sehr schlechte Tage hatte – sein Leben war von Krieg, Pest, Verrat und Not geprägt –, zudem will von einem Kaiser jeder irgendetwas. Es wäre also nicht verwunderlich, wenn er wie Marvin, der depressive Roboter in *Per Anhalter durch die Galaxis,* reagiert hätte: »Es sind die Leute, denen man bei so einem Job begegnet, die einen vollkommen schaffen.«

Marvin war deswegen ständig niedergeschlagen, Mark Aurel dagegen nicht. Ein wichtiger Grund für diesen Unterschied – abgesehen von der Tatsache, dass Marvin ein fiktiver Roboter und Mark Aurel ein echter Mensch war – ist, dass Mark Aurel, römischer Kaiser von 161 bis 180 n. Chr. und wohl der mächtigste Mann zur damaligen Zeit, zudem Stoiker war. Und der Stoizismus bereitet seine Anhänger bekanntlich auf harte Zeiten vor, rückt die Dinge ins rechte Licht und stellt sie in einen Zusammenhang. Wenn das Leben Zitronen austeilt, wird eine Stoikerin sicherlich *versuchen,* Limonade daraus zu machen, aber wenn das nicht klappt, weiß sie zumindest, warum, und kann gut damit umgehen. Ihre Philosophie bereitet sie auf alles vor, was ihr widerfahren könnte; mit ihrer Intelligenz und ihrem Training wird sie ihr Leben zu meistern und zu schätzen wissen, ob es nun gut oder schlecht läuft. Ihre Philosophie wird ihr ein hervorragender Leitfaden fürs Leben sein.

Auf dieser Auffassung beruht auch der Name der US-amerikanischen akademischen Ehrengesellschaft ΦΒΚ (Phi Beta Kappa): Die griechischen Buchstaben stehen für *philosophía bíou kybernḗtēs,* »Philosophie ist der Wegweiser fürs Leben« (oder wörtlicher: »Liebe zur Weisheit ist der Steuermann des Lebens«). Besser könnte man kaum zusammenfassen, wofür der Stoizismus heutzutage in den

Augen der meisten Menschen steht. In der westlichen Tradition ist die Idee der Philosophie als Lebensart oder zumindest als Hauptleitfaden fürs Leben weit älter als ΦBK (gegründet 1776). Sie tauchte bereits in der Philosophie des antiken Griechenlands auf, sicherlich nicht später als zu Sokrates' Zeiten und sehr wahrscheinlich schon zu Zeiten von Pythagoras, und hat sich seitdem in der ein oder anderen Form erhalten. Bei den Griechen und Römern der Antike fand der Gedanke seine vollständigste und deutlichste Entfaltung im Stoizismus. Auch heute noch ist die Idee, dass die Philosophie ein Wegweiser für ein gutes Leben sein kann, eng mit dieser antiken Denkschule verbunden, wenn auch natürlich in modernem Gewand. Ein aktueller Band mit Beiträgen aus dem Blog *About Stoicism Today* (Band 2, 2016, herausgegeben von Patrick Ussher und Tom McConnell) enthält Artikel mit Titeln wie:

- Der Stoizismus und die Umwelt
- Wie twittert ein Stoiker?
- »Barbaren vor den Toren«: Stoische Antworten auf die Flüchtlingskrise
- Wie man tugendhaft wird – Lektionen aus der Compassion Focussed Therapy (CFT)
- Das Internet und die Dinnerparty: Stoische Gelassenheit in der Onlinewelt

Und das ist nur ein kleiner Ausschnitt dessen, was der Stoizismus als Anleitung für das Leben im 21. Jahrhundert zu bieten haben soll. Einige relativ neue Bücher unterstreichen das: Elen Buzarés *Stoic Spiritual Exercises* (das ausdrücklich auf dem Werk von Pierre Hadot aufbaut) und Donald Robertsons *Stoizismus und die Kunst, glücklich zu sein* (der Autor ist Psychotherapeut mit Schwerpunkt kognitive Verhaltenstherapie und hat einen Beitrag auf *About Stoicism Today* veröffentlicht: »Providence or Atoms? Atoms! A Defence of Being a Modern Stoic Atheist« – zu Deutsch etwa: »Vorsehung oder Atome? Atome! Eine Verteidigung des modernen stoischen Atheismus«). Nimmt man dann noch die Website *Daily Stoic* und das gleichnamige Buch (auf Deutsch unter dem Titel *Der tägliche Stoiker* erschienen) von Ryan Holiday und Stephen Hanselman mit weisen Ratschlägen für jeden einzelnen Tag eines Jahres hinzu, dann scheint es, als sei der Stoizismus allgegenwärtig.

Der französische Philosoph und Gelehrte Pierre Hadot (1922–2010) vertrat die Ansicht, dass diese Philosophie, wie wir sie von der Antike übernommen haben, immer noch eine praktikable, ja sogar unverzichtbare Art zu leben ist. Obwohl er argumentierte (durchaus strittig und aus einer weitgehend existenzialistischen Perspektive heraus), dass praktisch alle antiken griechischen Schulen die Philosophie in etwa im gleichen Sinne als Lebensart betrachteten, machte Hadot den Stoizismus zur Grundlage seiner Argumentation und führte Mark Aurel als bestes Beispiel für diesen Aspekt der Schule an, dicht gefolgt von dem ehemaligen griechischen Sklaven Epiktet, der eine wichtige philosophische Inspiration für Mark Aurel gewesen war. (In einer ganz anderen intellektuellen Tradition vertritt John Cooper in seinem 2012 erschienenen Buch *Pursuits of Wisdom* einen weitgehend ähnlichen Standpunkt.) Mark Aurel und Epiktet (siehe unten), Römer und Grieche, Kaiser und Sklave: Könnte es eine bessere Symbolik für die universelle Anziehungskraft der Philosophie als Wegweiser fürs Leben geben – und zwar nicht nur für irgendein Leben, sondern für die bestmögliche Art zu leben?

Epiktet und Mark Aurel

Epiktet wurde um 50 n. Chr. in Hierapolis in Phrygien (Kleinasien) geboren und in jungen Jahren als Sklave nach Rom geschickt. Sein Herr war ein griechischer Freigelassener, Epaphroditos, der am Hof von Kaiser Nero diente. Epiktet studierte Philosophie bei Musonius Rufus, wurde schließlich freigelassen und dann zusammen mit anderen Philosophen von Domitian aus Rom vertrieben. Er gründete eine Schule in Nikopolis im Nordwesten Griechenlands, wo er bis zu seinem Tod Anfang des 2. Jahrhunderts n. Chr. lehrte. Er hielt Vorträge über fachwissenschaftliche Themen des Stoizismus, gab aber auch öffentlich zugängliche Lehrveranstaltungen, welche die Grundlage für die von seinem Schüler Arrian überlieferten *Unterredungen* bilden. **Mark Aurel** wurde 121 n. Chr. in eine politisch bedeutende Adelsfamilie hineingeboren und genoss eine herausragende Ausbildung in Rhetorik, Philosophie und Politik. Er hätte sein Leben lieber der Philosophie gewidmet, doch Kaiser Antoninus Pius adoptierte ihn und erkor ihn zu seinem Nachfolger. Nach einer langen Lehrzeit als künftiger Herrscher wurde er 161 n. Chr. Kaiser und regierte das Reich unter schwierigen Umständen bis zu seinem Tod (während eines Feldzuges) im Jahr 180 n. Chr. gut. Während seiner Herrschaft gründete er philosophische Schulen in Athen. Sein philosophisches Tagebuch *Selbstbetrachtungen* blieb zu seinen Lebzeiten unveröffentlicht und erlangte erst Einfluss, als es im 10. Jahrhundert »wiederentdeckt« wurde.

So populär Mark Aurel in den letzten Jahrhunderten auch war, die Karriere von Epiktet als Ikone dieser Sichtweise auf die Philosophie begann sogar noch früher. Seine »Lehrgespräche«, die von einem seiner Schüler aufgeschrieben und veröffentlicht wurden (auf Deutsch als *Unterredungen* herausgegeben), inspirierten nach seinem Tod ein ganzes Jahrhundert lang populäre philosophische Dozenten. Wahrscheinlich hat Mark Aurel sie dadurch entdeckt. Im ersten Teil seines Tagebuches (einer Einleitung, in der er voller Dankbarkeit schildert, was er durch die vielen Einflüsse diverser Menschen in seinem Leben gelernt hat) schreibt Mark Aurel, dass er durch seinen Freund und Mentor Quintus Junius Rusticus das Gedankengut von Epiktet kennenlernte (*Selbstbetrachtungen* 1.7). Ein bedeutender Platoniker der Spätantike, Simplikios von Kilikien, war der Meinung, dass das kompakte *Handbüchlein der Moral* mit Auszügen von Epiktets Lehren so wichtig sei, dass es einen umfangreichen Kommentar verdiene. Die Christen des Mittelalters passten sein Werk ihren eigenen konfessionellen Zielen an, und in der Renaissance kam es zu einer wahren Explosion von Übersetzungen und Adaptionen. Im 20. Jahrhundert inspirierte sein Werk den Schriftsteller Tom Wolfe (*Ein ganzer Kerl*, die US-amerikanische Originalausgabe mit dem Titel *A Man in Full* wurde 1998 veröffentlicht) und brachte den US-amerikanischen Kampfpiloten James Stockdale dazu, über den praktischen Wert des Stoizismus als Leitfaden fürs Leben in der Moderne nachzudenken (in einem Essay in *The Atlantic*, 1978). Manche Formen der Psychotherapie nehmen für sich eine gewisse Nähe zur Philosophie des Epiktet in Anspruch, von der Logotherapie Viktor Frankls bis zur rational-emotiven Therapie von Albert Ellis.

Kehren wir für einen Moment zu Mark Aurel zurück, um einen Eindruck von der Denkweise zu bekommen, die er empfiehlt. Zur Erinnerung: Er sieht den Grund für das ganze nervige asoziale

Verhalten der Menschen darin, dass sie nicht zwischen Gut und Böse unterscheiden können. Er fährt fort:

> Ich jedoch habe erkannt, dass das Gute seinem Wesen nach ehrenwert ist und dass das Böse seinem Wesen nach schändlich ist, und dass das Wesen eines Menschen, der Unrecht tut, mit meinem verwandt ist. Er mag zwar nicht von gleichem Blut und gleicher Abstammung sein, aber er hat ebenso wie ich Anteil an der Vernunft und trägt in sich einen Funken des Göttlichen. Keiner dieser Menschen kann mir Schaden zufügen, denn niemand kann mich zu etwas Schändlichem verführen. Und ich kann nicht auf jemanden, der mir verwandt ist, wütend sein oder ihn hassen. Denn wir sind dazu geboren, uns gegenseitig zu unterstützen, wie die Hände, die Füße, die Augenlider und der obere und untere Kiefer. Feindseligkeit ist also wider die Natur. Und Unmut und Ablehnung sind gleichbedeutend mit Feindseligkeit.
>
> (Mark Aurel, *Selbstbetrachtungen* 2.1)

Offensichtlich ist Mark Aurel der Meinung, dass wir die Herausforderungen, die zum Beispiel von unsozialen Tyrannen herrühren, am besten meistern können, wenn wir uns einige grundlegende Fakten vor Augen halten.

Erstens: Das Problem dieser Leute besteht darin, dass sie nicht wissen, was richtig und was falsch ist. Wie Sokrates einmal sagte, tut niemand freiwillig Unrecht, und vermutlich sollte man solche Menschen eher *belehren*, als wütend oder rachsüchtig zu reagieren. Sokrates nahm sich seinen eigenen Rat zu Herzen: Bei seinem Prozess (*Apologie des Sokrates* 26a) schlug er vor, dass sein Ankläger ihn lehren solle, was richtig sei, anstatt ihn für seine angeblichen Fehler anzuklagen, aber davon ließen sich die Geschworenen nicht überzeugen.

Zweitens: Mark Aurel selbst weiß, was gut und was böse ist. Mit »ehrenwert« habe ich das griechische Wort *kalon* übersetzt (ja, der römische Kaiser schrieb in seinem Notizbuch auf Griechisch), das oft mit »schön«, »gut« oder »edel« wiedergegeben wird. Dessen Gegenteil ist das »Schändliche« (*aischron*), etwas Hässliches, sei es körperlich oder moralisch. Mark Aurel will damit sagen, dass niemand, ganz egal, was er tut, uns so etwas aufzwingen kann. Auch dies ist ein sokratischer Gedanke – seit über 500 Jahren stützen sich die Philosophen auf die Argumente von Sokrates, um zu dieser Schlussfolgerung zu gelangen. Mark Aurel glaubt, dass allein das Wissen darüber, was wahrhaft gut und was wahrhaft übel ist, ihm zu der nötigen Sichtweise verhilft, seine Mitmenschen tolerieren zu können.

Drittens kommt die Überlegung ins Spiel, dass es sich bei diesen Mitmenschen durchaus um Verwandte handelt; zwar nicht um Familienmitglieder im wörtlichen Sinne, mit denen man blutsverwandt ist und deren Gene man teilt, sondern als Teil einer Familie, die sich dadurch definiert, dass all ihre Mitglieder zur Vernunft – die ein göttliches Geschenk ist – fähig sind. Diese Dummköpfe, denen ich über den Weg laufe, mögen zwar abstoßend sein, aber sie gehören nun mal zur Familie. Doch warum spielt das überhaupt eine Rolle? Das wird deutlich, wenn Mark Aurel schließlich einen wesentlichen Zug der menschlichen Natur anführt: Wir sind für die Zusammenarbeit innerhalb der Familie der vernunftbegabten Wesen geschaffen. So wie unsere linke und rechte Hand dafür geschaffen sind zusammenzuarbeiten, so wie unsere obere und untere Zahnreihe für einen gemeinsamen Zweck bestimmt sind, so wohnt jedem von uns eine Natur zur Zusammenarbeit mit unseren Verwandten in der Familie der vernunftbegabten Wesen inne. Wenn unsere Hände nicht zusammenwirken, erfüllen sie nicht ihren natürlichen Zweck; das gilt auch für die oberen und unteren Zähne. Und wenn diese Analogie zutrifft, dann sind wir ebenso wenig im Einklang mit unserer eigenen Natur, wenn wir uns gegen unsere Familienmitglieder wenden. Wenn sich Mark Aurel also über diese unterwürfigen Speichellecker und Rüpel ärgern oder von ihnen abwenden würde, dann würde er damit einem Teil seiner eigenen rationalen Natur zuwiderhandeln.

Diese Art des Denkens bezeichnete Pierre Hadot als »spirituelle Übung«. Den Begriff hatte er einer später aufgekommenen und offenkundig religiösen Tradition entlehnt. So beruft er sich in *Philosophy as a Way of Life* (S. 82, 126) ausdrücklich auf Ignatius von Loyola und vergleicht zudem alte philosophische Praktiken mit bestimmten klösterlichen Übungen. Man kann das durchaus so sehen. So wäre es vorstellbar, dass Mark Aurel eine philosophische Andacht hält und rezitiert:

1. Heute werde ich lästige Dummköpfe treffen.
2. Aber sie wissen nicht, was sie tun, ich jedoch schon.
3. Sie sind mit mir verwandt, denn sie haben ebenso wie ich Anteil an der Vernunft.
4. Wer sich darin gleicht, vernunftbegabt zu sein, ist dazu geschaffen, zusammenzuarbeiten.
5. Es liegt also in meiner Natur, mit ihnen zusammenzuarbeiten, anstatt sie wütend abzuweisen.

Das würde ihn zweifellos für das Unvermeidliche wappnen und die Frustrationen im Umgang mit gierigen und neidischen Höflingen erträglicher gestalten. Alternativ wäre vorstellbar, dass er die morgendliche Rezitationsroutine überspringt, aber seinen Gedankengang immer parat hat, um ihn sofort einzusetzen, sobald ein aufdringlicher Mensch erscheint. Diesen Rat gibt jedenfalls ein anderer Stoiker, der zudem politisch aktiv war: Neros Berater Seneca schreibt einem zeitgenössischen kynischen Philosophen zu, diesen Standpunkt vertreten zu haben (*De Beneficiis* 7.1.3–7.2.1).

Wenn Mark Aurel sich solche und ähnliche Überlegungen zur Gewohnheit macht, wird er sich damit auf jeden Fall eine Lebensweise aneignen, die ihn vor negativen Emotionen schützt. Und genau hier haben wir dann den Stoizismus in Aktion. Eine weitere Übung dieser Art finden Sie am Ende des ersten Kapitels von Epiktets *Handbüchlein der Moral*.

> Untersuche einen jeden Eindruck und prüfe ihn nach den Regeln, die du hast: Frage dich zuallererst, ob es sich um Dinge handelt, die in unserer Macht liegen, oder um solche, die nicht in unserer Macht liegen; und wenn es sich um Dinge handelt, die nicht in unserer Macht liegen, halte diesen Gedanken bereit: »Es geht mich nichts an.«

1965 wurde der heldenhafte amerikanische Jagdflieger James Stockdale über Nordvietnam abgeschossen und bis 1973 unter grausamen Bedingungen gefangen gehalten. Während seiner Studienzeit an der Stanford University hatte er Epiktets *Handbüchlein der Moral* kennengelernt (für ihn ist es ein »Buch der militärischen Ethik«) und schrieb später darüber, wie er seine Erinnerung daran auf die Situation anwendete, in der er sich befand, als er »das Land der Technologie hinter sich ließ« und »die Welt des Epiktet betrat«.

Stockdale erwähnt keine täglichen Rezitationen oder »Übungen«, aber er gibt an, sein Martyrium nur deshalb psychologisch verkraftet zu haben, weil er sich an die wichtigsten Lektionen aus dem Buch erinnerte.

In Palo Alto hatte ich dieses Buch nicht mit Behagen, sondern mit Verdruss gelesen. Eine Aussage nach der anderen: »Nicht die Dinge selbst beunruhigen die Menschen, sondern ihre Meinungen über diese Dinge«, »Kümmere dich nicht um Dinge, die außerhalb deiner Macht liegen«, »Verlange nicht, dass die Dinge so geschehen, wie du es wünschst, sondern wünsche dir vielmehr, dass sie so geschehen, wie sie geschehen, und es wird dir gut gehen«. Das ist Stoizismus. Es ist kein Allheilmittel, aber es ist eine Sichtweise, die in vielen Situationen nützlich ist, und mir hat sie auf jeden Fall geholfen. Besonders diese Zeile: »Lahmheit ist ein Hindernis des Körpers, nicht des Willens.« Das war für mich besonders bedeutsam, weil ich in den ersten Jahren der Einzelhaft nicht in der Lage war, aufzustehen und mein mehrfach gebrochenes Bein zu belasten.

Stockdale bezieht sich damit darauf, dass Epiktet selbst ein lahmes Bein hatte, angeblich aufgrund der Misshandlung durch seinen Herrn. Als Stockdale sich versucht sah, mit denen, die ihn gefangen hielten, zu kollaborieren, um im Gegenzug eine bessere Behandlung zu erhalten, erinnerte er sich:

Der alte Stoiker hatte gesagt: »Wenn ich Dinge, die ich brauche, ohne Verletzung meiner Ehre, meiner Treue und meiner edlen Gesinnung erwerben kann, so zeigt mir den Weg und ich will sie erwerben. Aber wenn ihr von mir verlangt, dass ich mein eigenes wahres Gut verliere, damit ihr etwas erlangt, das nicht gut ist, dann erkennet, wie unvernünftig und töricht ihr seid.« Unsere Mitgefangenen zu lieben lag in unserer Macht. Verrat zu begehen, Propaganda zu verbreiten, die pflichtbewussten und patriotischen Schiffskameraden zu desillusionieren und ihre Moral zu zerstören, sodass sie ihrerseits zerstört werden würden, hätte bedeutet, das eigene wahre Gut zu verlieren.

Stockdale, der Kampfpilot, sah sich selbst als einen Mann des Krieges. »Ich bin Kampfpilot. Ich bin sehr erfahren. Ich bin Testpilot. Ich weiß, wie man Leute dazu bringt, fachkundige Arbeit zu leisten. Ich spiele Golf; ich trinke Martinis. Ich weiß, wie ich in meinem Beruf vorankomme.« Ein Mann, der sich wohl kaum deutlicher vom französischen Intellektuellen Pierre Hadot unterscheiden könnte, einem ehemaligen Priester und Existenzialisten, der im Umfeld von Michel Foucault am Collège de France lehrte. Stockdale betrachtet seinen Stoizismus nicht als eine Reihe von spirituellen Übungen. Er schreibt freimütig, dass er sich damals an etwas erinnerte, das er in einem Buch gelesen hatte, das ihm im College gegeben worden war, und dass er es in der Praxis für nützlich hielt. Er war dankbar dafür, dazu gedrängt worden zu sein, es zu lesen, und dankbar für die Hilfsmittel, die er dem, was er daraus in Erinnerung hatte, entnehmen konnte – Überlegungen und Ansichten, die es ihm ermöglichten, auch unter jahrelanger Folter und Isolation seine geistige Gesundheit und seine Integrität zu bewahren. Keine spirituellen Mantras, sondern eine ehrliche Einschätzung dessen, was auf psychologischer Ebene funktioniert.

Epiktet, der griechische Sklave und Philosophielehrer, und Mark Aurel, der römische Kaiser und Feldherr, waren ebenso unterschiedlich wie Hadot und Stockdale. Es ist vielleicht ein merkwürdiger Zufall, dass sich der französische Intellektuelle am intensivsten mit dem römischen Feldherrn beschäftigte, während sich der amerikanische Kampfpilot der Worte des bescheidenen griechischen Philosophen bediente. Deutlicher kann die breite Anziehungskraft des Stoizismus kaum illustriert werden. Es gibt jedoch eine sehr wichtige Gemeinsamkeit zwischen Hadot und Stockdale. Beide wenden den Stoizismus, so wie sie ihn verstehen, auf das Leben an; es geht darum, auf bestimmte Lehren zurückzugreifen, um es zu bewältigen, und nicht um eine ergebnisoffene Untersuchung der Funktionsweise der Welt. Hadot drückt hier und da sehr direkt seine Überzeugung aus, dass die zugrunde liegenden Theorien für die Philosophie als Lebensart nicht wichtig sind. Er behauptet, dass die spirituellen Übungen zuerst ins Leben gerufen und die Lehren erst später ausgearbeitet werden sollten, um diese zu untermauern (*Philosophy as a Way of Life*, S. 282). Stockdale erwähnt nicht einmal die zugrunde liegenden Lehren in Physik, Logik und Ethik – er hätte im *Handbüchlein der Moral* auch gar keine gefunden, und so, wie er es in Erinnerung hatte, erfüllte es seinen Zweck ausgesprochen gut.

Den Stoizismus als praktisches psychologisches Hilfsmittel anzusehen ist wahrscheinlich die gängigste Sichtweise auf diese philosophische Schule in unserer heutigen Gesellschaft. Es gibt jedoch noch eine andere Auffassung des Stoizismus, der wir uns ebenfalls widmen sollten, nämlich eine, die ein stärkeres Gewicht auf seine historischen Ursprünge und die zugrunde liegende theoretische Arbeit legt, die zur Entwicklung der stoischen Philosophie in der Antike führte und *Gründe* für die Übernahme ihrer Ansichten im Gegensatz zu denen anderer therapeutischer Philosophien lieferte. Es besteht eine auffallende Kluft zwischen dem heutigen Verständnis des Stoizismus als therapeutisches psychologisches Bestreben oder zumindest als praktische philosophische Strategie und dem, was einem begegnet, wenn man sich in die zeitgenössische akademische Literatur über diese antike Schule vertieft. Die moderne Forschung über die Schule befasst sich hauptsächlich mit ihrer Geschichte, insbesondere der frühen (sowohl Epiktet als auch Mark Aurel schrieben ihre Werke in der letzten Phase der langen Entwicklung der Schule; Mark Aurel fast 500 Jahre nach ihrer Gründung), ihrer Interaktion und Auseinandersetzung mit anderen philosophischen Schulen und mit der detaillierten Rekonstruktion ihrer Lehren und philosophischen Methoden. Es überrascht nicht, dass sich professionelle akademische Schriften zu einem Thema von Werken unterscheiden, die für eine breitere Leserschaft gedacht sind, aber im Fall des Stoizismus ist die Kluft ein ganzes Stück größer, als man es normalerweise erwarten würde.

Einer der Gründe für diese Kluft steckt schon in dem Wort »Rekonstruktion«, das ich gerade verwendet habe. Um ein Gefühl dafür zu bekommen, worum es hier geht, müssen wir uns zunächst mit einigen historischen Details und unumstößlichen Tatsachen, die unser Wissen über manche antike philosophische Bewegungen betreffen, beschäftigen. Sehen wir uns zuerst den zeitlichen Ablauf an. Wie die Abbildung auf Seite 24 zeigt, besitzt die Stoa, wie die stoische Schule auch genannt wird, eine lange Geschichte, von ihrer Gründung gegen Ende des 4. Jahrhunderts v. Chr. (vermutlich zwischen 310 und 300 v. Chr.; es existieren keine genauen Aufzeichnungen) bis zu den ersten Jahren des 3. Jahrhunderts n. Chr. (vermutlich um 220 n. Chr.). Das früheste vollständige Werk der stoischen Philosophie, das uns heute noch vorliegt, wurde jedoch erst im 1. Jahrhundert n. Chr., vielleicht um 40 n. Chr., geschrieben. In dieser 300-jährigen Lücke wurden die meisten grundlegenden Werke dieser Philosophie verfasst. Auch wenn wir einige Werke in Teilen, zahlreiche Zitate und so manche schriftliche Fragmente aus dieser Zeit besitzen, sind wir doch weitgehend auf Zusammenfassungen der Lehren dieser Schule und der gegen sie gerichteten Kritik angewiesen, wenn wir den Inhalt und die Methoden der Stoa in dieser Zeit verstehen wollen. Die Rekonstruktion der stoischen Philosophie aus solch bruchstückhaftem und vielfältigem Material ist zwangsläufig ein kompliziertes wissenschaftliches Unterfangen, das fortgeschrittene historische, sprachliche und philosophische Kenntnisse erfordert. Daher ist es ebenso zwangsläufig, dass es zu diesem Thema zahlreiche kontroverse Meinungen gibt und wissenschaftliche Debatten geführt werden – so, wie es in jedem anderen Bereich der historischen Forschung auch der Fall ist. In vielen Fragen gibt es inzwischen einen recht breiten und gefestigten Konsens, und die Fachleute haben ganz gute Arbeit geleistet, diesen einem breiteren Publikum zugänglich zu machen.

Aber der springende Punkt ist, dass wir über nichts verfügen, das mit der unverfälschten Stimme der antiken stoischen Denker vergleichbar wäre, bis wir zum Römer Seneca (über den ich zu gegebener Zeit mehr sagen werde), zum griechischen Lehrer Epiktet und zu Kaiser Mark Aurel kommen.

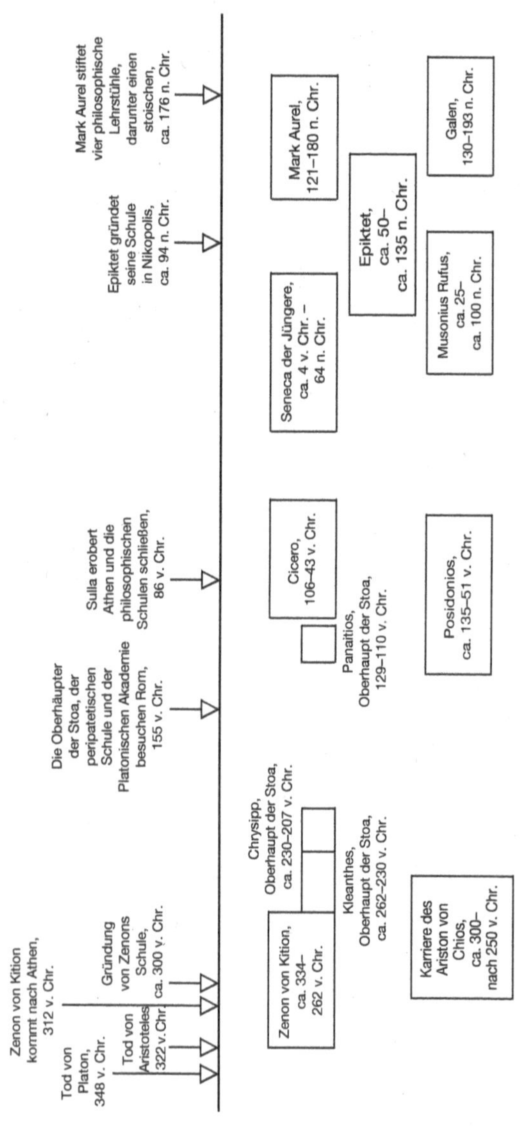

Zeitleiste der Geschichte des Stoizismus.

Um das einzuordnen, vergleichen wir es einmal mit der platonischen Philosophie. Zwar sind viele Zeiträume in der Geschichte des Platonismus genauso schlecht dokumentiert wie der Stoizismus, doch wir haben immerhin alle authentischen Dialoge Platons, die Werke, aus denen die Lehren der Schule hervorgingen. Auch von Aristoteles sind viele Werke verloren gegangen, sowohl die populären Dialoge als auch die eher fachwissenschaftlichen Abhandlungen, die denen ähnelten, die wir noch besitzen. Trotz dieses Verlustes verfügen wir über einen riesigen Korpus von Aristoteles' sorgfältig ausgearbeiteten analytischen Schriften, welche die Grundlage für die fortwährende aristotelische Tradition in der Philosophie bildeten – und immer noch bilden. Noch besser sieht es beim spätplatonischen Philosophen Plotin aus. Wir verfügen nicht nur über all seine Abhandlungen (die *Enneaden*), sondern auch über detaillierte Informationen darüber, wie die Werke verfasst wurden und wie der Korpus von seinem Schüler und Herausgeber Porphyrios zusammengestellt wurde. Wenn wir den Platonismus, den Aristotelismus oder den plotinschen Neuplatonismus verstehen wollen, können wir zumindest die maßgeblichen Werke von Platon, Aristoteles und Plotin lesen.

Das ist uns beim Stoizismus nicht möglich. Die anspruchsvolle Aufgabe, herauszufinden, was die früheren Stoiker dachten und warum sie es dachten, kann leider nur indirekt angegangen werden. Direkt zugänglich sind uns erst die Werke viel späterer Autoren wie Seneca, Epiktet und Mark Aurel. Dass es sich bei ihnen um so bildhaft, bewegend und überzeugend schreibende Autoren handelt, macht es sogar noch schwieriger, sich ein genaues Bild von der früheren Schule zu machen. Und nicht nur das, für die meisten Leser unserer Zeit sind die Bücher, die sie direkt lesen können, am wichtigsten. Die Lektüre von Platons *Apologie des Sokrates* und

Der Staat inspiriert uns; der bestechende Charme von Aristoteles' *Metaphysik* und die ruhige Erhabenheit seines Werkes *Nikomachische Ethik* fesseln uns, Plotins Vision eines intelligiblen Universums frustriert uns und zieht uns zugleich in ihren Bann. So etwas ist uns bei den Pendants in der stoischen Schule einfach nicht möglich. Eine wissenschaftliche Rekonstruktion ist schlicht und ergreifend nicht dasselbe, und so hat zwangsläufig die kraftvolle Prosa von Epiktet und Mark Aurel das Bild des Stoizismus in der modernen Welt geprägt.

Es ist an der Zeit, einen kurzen Überblick über die wichtigsten Köpfe der Stoa zu geben und sie historisch einzuordnen. Der Gründer der Schule war Zenon, der im späten 4. Jahrhundert v. Chr. aus seiner Heimatstadt Kition auf der Insel Zypern nach Athen kam. Es ist nicht sicher, ob er eigens nach Athen zog, um sich der Philosophie zu widmen, aber sobald er dort war, geriet er sofort unter den Einfluss des kynischen Philosophen Krates (der ebenfalls nach Athen immigriert war), den er als eine Art modernen Sokrates betrachtete (der wiederum zwei Generationen zuvor zum Tode verurteilt worden war). Im Laufe seines langen Aufenthalts in Athen hielt Zenon Vorlesungen, zog viele Schüler an und wurde zu einer Art Phänomen; nachdem er gestorben war, ehrte ihn Athen mit einer Statue und er bekam ein feierliches Begräbnis. Zu Lebzeiten schrieb er zudem eine ganze Reihe von Büchern über ein breites Spektrum philosophischer Themen (Diogenes Laertios *Leben und Meinungen berühmter Philosophen* 7.4) – ganz im Gegensatz zu Sokrates –, Bücher, die seine aktive Auseinandersetzung mit vielen anderen Philosophen und Schulen widerspiegelten. Zenons Schüler, die erste Generation der Stoiker, waren eine bunt gemischte Gruppe, die in Bezug auf das Vermächtnis ihres Lehrers sehr uneins war. Einige, wie Sphaerus und Persaios, interessierten sich vor allem dafür, wie man die Philosophie auf die Politik anwenden könne, so wie es Platon und die Pythagoräer in der Vergangenheit getan hatten. Auch Aristoteles hatte hochrangige Politiker unterrichtet, geriet jedoch nie in Versuchung, sich selbst am politischen Leben zu beteiligen.

Insbesondere zwei von Zenons Schülern vertraten äußerst unterschiedliche Interpretationen der stoischen Philosophie. Ariston von der ägäischen Insel Chios war der Ansicht, dass die Theorie der Physik, einschließlich dessen, was wir als Metaphysik bezeichnen würden, und die Logik bloß intellektuelle Ablenkungen seien, die zu nichts führen. Ihm gegenüber stand Kleanthes, der sowohl auf die Naturphilosophie (Physik) und Theologie als auch auf Ethik und Logik Wert legte. Der Unterschied zwischen den beiden deutet bereits wesentliche spätere Spannungen in der Schule an. Auf der einen Seite steht ein umfassender Stoizismus, der alle Arten intellektueller Betätigung einschließt, mit dem Argument, das höchste ethische Ziel der Philosophie erfordere Wissen über die gesamte Bandbreite an Themen der intellektuellen Forschung; dies ist die von Kleanthes vertretene Linie. Auf der anderen Seite steht der minimale Stoizismus, den Ariston vertrat; wie die Kyniker konzentrierte er sich ausschließlich auf die Ethik: die praktische Anwendung der menschlichen Vernunft mit dem Ziel, das eigene Leben zu verbessern. Beide Strömungen der Schule waren sich darin einig, dass sich das ethische Ideal erreichen lasse, indem man »der Natur folgt«, aber sie waren sich sehr uneins darüber, welche Mittel dieses Bestreben umfassen sollte.

Man mag dazu neigen, den Disput zwischen diesen beiden Ansätzen zu verklären, und zweifellos gab es lebhafte Streitereien, ja sogar einen Machtkampf. Aber letztendlich wurde Kleanthes das zweite Oberhaupt der Schule und etablierte den umfassenden Stoizismus als Standard, was er auch für lange Zeit bleiben sollte.

Unter seiner Führung und der seines brillanten Nachfolgers Chrysipp aus der abgelegenen Stadt Soloi in Kleinasien wurde die Schule in dem Umfang, den sie abdeckte, enzyklopädisch. Chrysipp machte die Logik zu einem Hauptanliegen der Schule, er überarbeitete und verbesserte die metaphysischen Grundlagen der stoischen Kosmologie und Naturphilosophie und verfolgte eine besonders strenge Linie in der Ethik, während er gleichzeitig auf ein Ideal der vollständigen Integration aller Zweige und Unterkategorien des stoischen Denkens hinarbeitete. Die Schüler von Chrysipp und ihre Anhänger bestimmten die Ausrichtung der Schule mehr als hundert Jahre lang, doch in der Mitte des 2. Jahrhunderts v. Chr. führten verschiedene Einflüsse – darunter die starke Kritik seitens der Akademie und des Peripatos, also der Schulen von Platon beziehungsweise Aristoteles – zu einer Änderung der Ausrichtung der Stoa. Diese Konfrontation mit der platonischen und aristotelischen Kritik wird durch die Debatten während eines gemeinsamen Besuchs der Oberhäupter aller drei Schulen in Rom im Jahr 155 v. Chr. versinnbildlicht, die einige römische Politiker empörten. In der Folgezeit setzten sich Panaitios von der Insel Rhodos und mehr noch sein Schüler Poseidonios aus Syrien erneut mit der Philosophie Platons und auch der von Aristoteles auseinander, sie sorgten dafür, dass sich die Schule weniger mit dem Vermächtnis des Chrysipp beschäftigte, und belebten sie neu, indem sie Erkenntnisse der platonischen und aristotelischen Philosophie übernahmen und adaptierten.

In der Zwischenzeit war der minimale Stoizismus nicht völlig verschwunden. Er blieb nur unter dem Radar und stellte sich oft als eine Form des kynischen Denkens dar, bevor er im 1. Jahrhundert n. Chr. wieder zutage trat. Inzwischen befand sich die offizielle Schule in Athen jedoch in einer Krise. Wie alle ursprünglichen athenischen Schulen wurde auch der Stoizismus durch Krieg und

Politik massiv beeinträchtigt. Die Stadt wurde 86 v. Chr. von den Römern unter dem Feldherrn Sulla erobert und geplündert; auch wenn die Einzelheiten unklar sind, scheint es, dass die Schulen in Athen im Wesentlichen für einige Zeit zum Erliegen kamen und vielleicht erst im 2. Jahrhundert n. Chr. in nennenswertem Umfang wieder auflebten, als Mark Aurel sie mit Stiftungslehrstühlen für jede der vier Schulen (Akademiker, Peripatetiker, Epikureer, Stoiker) neu gründete. Nach der tatsächlichen Schließung der Schulen wurde der Stoizismus zu einem dezentralen Phänomen. Stoische Schulen hatte es zwar bereits während des Hellenismus auf Rhodos und anderswo gegeben, doch nun, nach dem Niedergang des Athener Lehrbetriebs, tauchten überall im Mittelmeerraum stoische Schulen und einzelne stoische Philosophen auf: auf Rhodos natürlich, in Alexandria und in Rom selbst sowie in kleineren Zentren.

Ein weiterer Hinweis auf die Zersplitterung der stoischen Tradition ergibt sich aus der Erwähnung von drei Zweigen der Schule durch einen späteren Autor (Athenaios 5.2), die nach Diogenes, Antipatros und Panaitios, drei führenden Denkern des 2. Jahrhunderts n. Chr., benannt sind. In diesem pluralistischen Umfeld ist es nicht verwunderlich, dass der Stoizismus einen maßgeblichen Einfluss sowohl auf den etruskischen Philosophen (und römischen Bürger) Musonius Rufus, auf den jüdischen Intellektuellen Philon von Alexandria (beide schrieben auf Griechisch und waren im 1. Jahrhundert n. Chr. aktiv) und auf andere, welche die philosophischen Aktivitäten im Rom der frühen Kaiserzeit prägten, hatte. Seneca zum Beispiel lehrte weder Philosophie, noch leitete er eine philosophische Schule, dennoch ist er nach wie vor einer der produktivsten stoischen Autoren, die wir kennen. Etwa zur gleichen Zeit kam ein ägyptischer Priester und Schriftgelehrter, Chairemon, nach Rom und lehrte dort Stoizismus. Epiktet, der als Sklave an Neros Hof gelebt hatte, gründete schließlich seine Schule in der kleinen Stadt Nikopolis an der Ostküste der Adria.

Asklepiodot, ein Schüler von Poseidonios, erregte Senecas Aufmerksamkeit (er wird in *Naturwissenschaftliche Untersuchungen* wiederholt erwähnt), und im nächsten Jahrhundert schrieb der stoische Lehrer Kleomedes eine ausführliche und polemische astronomische Abhandlung, die sich stark auf Poseidonios' Werk stützte. Etwa zur gleichen Zeit verfasste der stoische Lehrer Hierokles in Kleinasien eine Reihe von Werken über Ethik, sowohl fachwissenschaftliche als auch populäre. Wie der britische Philosoph Jonathan Barnes festgestellt hat, gibt es zudem eindeutige Belege für eine rege Tätigkeit auf dem Gebiet der stoischen Logik um diese Zeit. Der Stoiker Philopator (im 2. Jahrhundert n. Chr.) entwickelte Ideen über Determinismus und moralische Verantwortung, welche die Aufmerksamkeit von Kritikern auf sich zogen. Dieses reichhaltige Umfeld dezentraler, aber hochrangiger philosophischer Aktivitäten bildet den Rahmen für die Vorträge des Epiktet, die uns bis heute erhalten sind und die einen so tiefgreifenden Einfluss auf Mark Aurel hatten. Geht man von der kritischen Auseinandersetzung mit dem Stoizismus durch mehrere Intellektuelle im 2. Jahrhundert n. Chr. aus – darunter Platoniker, Aristoteliker und der philosophische Arzt Galen –, muss das stoische Wirken in allen Bereichen der Philosophie ein herausragendes Merkmal der intellektuellen Szene bis in die Zeit von Alexander von Aphrodisias und Plotin im frühen 3. Jahrhundert n. Chr. gewesen sein.

Und dann – fast schon abrupt – wird die Spur kalt. Obwohl der Stoizismus noch etwas länger halbwegs bekannt war und einen beträchtlichen indirekten Einfluss auf eine Vielzahl intellektueller Strömungen in der Spätantike hatte, einschließlich der christlichen Philosophie und Theologie, finden wir keine bedeutenden Belege mehr für eine Interaktion zwischen aktiven stoischen Philosophen und anderen Schulen.

Kaiser Mark Aurel, dessen Version des Stoizismus unser Ausgangspunkt war, erhielt im Klima dieser letzten Phase des stoischen Denkens im späteren 2. Jahrhundert n. Chr. seine Ausbildung und schrieb sein Werk inspiriert von Epiktet, der in den Jahrzehnten zuvor gewirkt hatte. Die Versionen des Stoizismus, die Admiral Stockdale und Pierre Hadot inspiriert haben, sind keine aus dem Nichts entstandenen genialen Werke – obwohl es sich bei ihnen sicherlich um geniale Werke handelt; sie sind aus einem vielfältigen und komplexen Umfeld philosophischen Theoretisierens, Erörterns und Debattierens hervorgegangen. Im weiteren Verlauf werden wir beide Aspekte des Stoizismus im Auge behalten müssen: die inspirierenden Persönlichkeiten, die in unserem heutigen intellektuellen Klima noch immer lebendig sind, und den gesamten historischen Kontext, in dem sich diese bedeutenden, aber vielleicht nicht typischen Vertreter des antiken Stoizismus entwickelt haben.

KAPITEL 2

DIE STOIKER AUS HEUTIGER SICHT: EPIKTET, MARK AUREL UND SENECA

Für die Leser unserer Zeit bilden Epiktet und Mark Aurel die Grundlage für das Verständnis des Stoizismus. Aus der Perspektive eines Historikers betrachtet, sind sie jedoch kaum typische Vertreter der Schule. Der Kaiser war kein Berufsphilosoph und vertritt manchmal Ansichten, die im Widerspruch zu dem stehen, was wir aus anderen Quellen über die Stoa wissen. Einige Gelehrte stellen sogar infrage, ob man ihn überhaupt als Stoiker bezeichnen kann; schließlich schreibt er auch Philosophen anderer Schulen zu, sein Denken inspiriert zu haben, und spricht sogar in der dritten Person von den Stoikern (in Bezug auf die Stoiker nutzt er das Pronomen »sie«, nicht »wir«).

Epiktet war zweifellos ein professioneller Stoiker – er leitete eine Schule, in der er über die Werke des Chrysipp dozierte und seine

Schüler lehrte, wie man einige der großen Stoiker früherer Generationen interpretiert. Aber sein intellektueller Kontext war weit entfernt von dem der Philosophen, welche die Schule gründeten und ihre Lehren entwickelten; er wirkte Jahrhunderte später und erhielt seine intellektuelle Ausbildung als Sklave und später Freigelassener in Rom, beeinflusst unter anderem von Musonius Rufus. Der römische Kaiserhof war vermutlich kein sonderlich ausgeprägtes philosophisches Umfeld (Epiktets Lehrmeister war einer von Neros hohen Beamten, der Grieche Epaphroditos), und in späteren Jahren wurde Epiktet von einem anderen Kaiser aus Rom vertrieben und gründete seine eigene philosophische Schule in Nikopolis, einer Stadt, die von Italien aus gesehen jenseits der Adria lag, auf dem Weg nach Griechenland und in den Osten. Rom mochte zwar im 1. Jahrhundert n. Chr. zu einem Zentrum philosophischer Aktivitäten geworden sein, auf Nikopolis traf dies jedoch nicht zu.

Es ist schwer vorstellbar, wie sich diese eigenartige berufliche Laufbahn auf seine Philosophie auswirkte, aber sie könnte sich kaum stärker von dem hochgradig philosophischen und professionellen Umfeld im hellenistischen Athen unterscheiden, wo die Gründer und frühen Oberhäupter der Schule in enger Nähe zu den führenden Gelehrten anderer Schulen debattierten, forschten und lehrten. Es ist also kein Wunder, dass sich so viele von Epiktets Reden an fachliche Laien, an Nichtphilosophen richten. Auch nicht, dass er selbst keine Abhandlungen schrieb, weder fachwissenschaftliche noch populäre. Die von ihm heute noch erhaltenen Reden sind vielmehr Aufzeichnungen seiner mündlichen Lehrveranstaltungen, die von einem seiner treuen Schüler, Arrian von Nikomedien in Bithynien, einem römischen Bürger und Politiker (Konsul 132 n. Chr., Senator, Provinzstatthalter) sowie angesehenen Intellektuellen, in griechischer Sprache niedergeschrieben und veröffentlicht wurden.

Dem ersten Anschein nach sind dies also keine Quellen, denen wir uns idealerweise zuwenden sollten, wenn wir den antiken Stoizismus verstehen wollen. Wir Menschen der heutigen Zeit greifen aus zwei Gründen nach ihnen, die beide leicht nachzuvollziehen sind. Erstens sind sie, abgesehen von Seneca (zu dem ich später mehr sagen werde), die frühesten, ja fast die einzigen vollständigen Werke, die wir von den antiken Stoikern besitzen. Selbst wenn wir mit den Werken der Gründer der Stoa, Zenon von Kition und Chrysipp von Soloi, beginnen wollten, könnten wir das gar nicht; sie sind alle verloren gegangen. Zweitens sind sowohl Epiktet als auch Mark Aurel atypisch in ihrer Art zu schreiben und in der Auswahl der Zielgruppe, die sie ansprechen wollten – atypisch in einer Weise, die sie vielleicht zu effektiveren Autoren macht, aber nicht unbedingt zu den besten Vertretern der traditionellen Lehren der Schule. Bei Epiktet ist dies leicht zu erkennen: Die Reden sind eine Aufzeichnung der Vorlesungen, die er vor Laien und angehenden Philosophen hielt und nicht vor Menschen, deren Ziel es gewesen wäre, die Feinheiten von Zenons Kosmologie, Chrysipps Metaphysik oder Poseidonios' Lehre von der Substanz und Kausalität zu durchdringen. Und Mark Aurel versetzt sich oft in die Lage, in der sich auch viele von uns befinden. Wenn wir auch keine Philosophen sind, so können wir uns doch ebenfalls der Philosophie als Quelle für neue Sichtweisen, Reflexion und Orientierung zuwenden. Sein Buch ist eine Art philosophisches Tagebuch, sehr persönlich und eigensinnig. Mark Aurel hält oft einen gewissen Abstand zur stoischen Philosophie, wie viele von uns auch.

Doch wie kam es eigentlich dazu, dass die Werke von Epiktet und Mark Aurel mehr oder weniger unversehrt erhalten geblieben sind und unser Verständnis des Stoizismus so stark geprägt haben?

Diese Geschichte besteht aus zwei Teilen. Der Teil, der uns am meisten darüber verrät, wo wir heute stehen, ist ein Stück moderne Geistesgeschichte, nämlich ein Bericht darüber, wie Epiktet und Mark Aurel (zusammen mit Seneca) in der Renaissance entdeckt – beziehungsweise wiederentdeckt – und ihre Werke in ganz Europa gedruckt, verbreitet, übersetzt und der breiten Masse bekannt gemacht wurden. Es ist eine Geschichte, die mit der heutigen Fülle von Übersetzungen im Taschenbuchformat der Werke beider Autoren, deren Aufnahme in die Auswahl bedeutender Weltliteratur und ihrem immensen globalen Einfluss endet. In dieser Geschichte erscheinen Epiktet und Mark Aurel als beinahe gleichwertig, wie zwei einander sehr ähnliche Lichtgestalten einer antiken Denkschule, die gerade eben so unterschiedlich sind, dass sie unterschiedliche Charaktertypen mit vergleichbarer Energie anziehen. Der erste Teil der Geschichte ist jedoch anders; er zeigt auf, wie die Werke dieser Autoren die Spätantike und das Mittelalter hinreichend sicher und intakt überdauerten, sodass sie später verfügbar waren, um die neuen Denker der Renaissance zu inspirieren und so zu einem einflussreichen Teil der modernen Welt zu werden.

In dieser Hinsicht könnten die Schicksale von Epiktet und Mark Aurel nicht unterschiedlicher sein. Epiktet war bereits im 2. Jahrhundert n. Chr. zu einer bedeutenden Figur geworden; viele eiferten ihm nach und er beeinflusste die Großen und Mächtigen der römischen Gesellschaft – nicht zuletzt den Kaiser Mark Aurel selbst. In späteren Jahrhunderten übernahmen die Platonisten, die unangefochtenen Sieger im Kampf um das Überleben der heidnischen Philosophie in der Spätantike, sein Gedankengut, sodass sein Einfluss in den kommenden Jahrhunderten gesichert war. Mark Aurel jedoch erlitt ein ganz anderes Schicksal. Sein persönliches Notizbuch – oder philosophisches Tagebuch – scheint jahrhundertelang unbekannt oder unbeachtet geblieben zu sein, sodass es fast nicht überdauert hätte; vielleicht nur, wie Pierre Hadot vermutet, weil seine Familie es sicher aufbewahrte. Schließlich wurde es – mehr oder weniger zufällig – von einem hochrangigen Mitglied der mittelalterlichen orthodoxen Kirche wiederentdeckt, sodass das Überleben des Buches erst vom 10. Jahrhundert n. Chr. an gesichert war. Von da an ist die Geschichte seines Fortbestehens und seines weiteren Einflusses ein wenig einfacher. Ada Palmer zufolge stammt die erste bekannte neuzeitliche Erwähnung des Werks von Mark Aurel aus dem Jahr 1517; doch erst im 17. Jahrhundert nahm Mark Aurels Buch seinen Platz neben den Werken von Epiktet und Seneca ein, wurde zu einem wichtigen Teil der modernen Geistesgeschichte und prägte unsere Vorstellung vom antiken Stoizismus entscheidend. Die erste griechische Ausgabe von Mark Aurel wurde 1559 veröffentlicht, mehr als hundert Jahre nachdem Epiktets Werk in lateinischer Übersetzung erschienen war.

Die Tatsache, dass Epiktet und Mark Aurel einen überproportionalen Einfluss auf das populäre Verständnis des Stoizismus ausgeübt haben, hat viel damit zu tun, dass sie sich stark auf ethische Themen konzentrierten. In der Spätantike und im Mittelalter, und damit auch in der frühen Neuzeit, wurden die Physik und die Metaphysik von den beiden Giganten des antiken Denkens, Platon und Aristoteles, dominiert. Die antiken Werke der Stoiker zur Physik verschwanden im Mittelalter größtenteils, ihr Inhalt überdauerte nur sehr indirekt, indem er in die Synthese des späteren Platonismus einging und von den Kommentatoren der Werke des Aristoteles herangezogen wurde. Als die platonisch-aristotelische Synthese des Mittelalters durch die Wiederbelebung der empirischen Wissenschaft in der frühen Neuzeit entscheidend in die Ecke gedrängt wurde, konnte von den antiken Theorien eher der Atomismus als der Stoizismus (der viel mit der platonischen und aristotelischen Physik gemeinsam hatte, wie wir später sehen werden) als Inspiration für einen alternativen Ansatz dienen. Der Stoizismus spielte also in der Ethik und bis zu einem gewissen Grad auch in der sozialen und politischen Theorie eine wichtige Rolle bei der Entwicklung des neuzeitlichen Denkens. Ein wichtiger Faktor dabei ist, dass die drei bedeutendsten stoischen Autoren (Seneca, Epiktet und Mark Aurel) in der Zeit tätig waren, die für die frühe christliche Kirche grundlegend war. (Tatsächlich hielt sich die Legende von Senecas Briefwechsel mit dem heiligen Paulus bemerkenswert lange bis in die Neuzeit, bevor sie schließlich von Erasmus als falsch entlarvt wurde.) Aufgrund einiger Merkmale ihres ethischen Denkens diente der Stoizismus den frühen christlichen Denkern in ihren Debatten als Gegenbild, während andere Merkmale, wie die Lehre von den Affekten und der moralischen Schwäche, zu einer – nicht immer anerkannten – Inspiration für asketische Versionen des christlichen Glaubens wurden. Als sich der Schwerpunkt der christlichen Geschichtsschreibung und Kirchenlehre auf griechische Quellen verlagerte, die in der Tat die wichtigsten für die Entwicklung der frühen Kirche waren, erlangten griechische heidnische Texte wie die von Mark Aurel und Epiktet eine besondere Bedeutung, insbesondere in protestantischen Ländern. So ist es nicht verwunderlich, dass Mark Aurel bis zum späten 19. Jahrhundert großen spirituellen Einfluss auf fortschrittlich gesinnte Christen gewonnen hatte, insbesondere im viktorianischen Großbritannien, wo diese mit ihren imperialen Ambitionen Parallelen zwischen dem Kaiser und ihrer eigenen Situation entdeckten, und dass protestantische Intellektuelle wie Adolf Bonhöffer sich mit enormer Energie dem Studium von Epiktet widmeten. Zu Beginn des 20. Jahrhunderts hatten Epiktet und

Mark Aurel also einen besonderen Platz im europäischen Geistesleben eingenommen.

Der andere antike Stoiker, dessen Schriften mehr oder weniger unversehrt überliefert sind, dürfte in gewisser Hinsicht noch wichtiger sein als Epiktet und Mark Aurel. Der römische Schriftsteller und Politiker Lucius Annaeus Seneca ist in der Tat der früheste der stoischen Autoren, dessen Werke nahezu vollständig aus der Antike erhalten geblieben sind. Er schrieb im 1. Jahrhundert (er lebte von etwa 4 v. Chr. bis 65 n. Chr.) und seine Lebenszeit überschnitt sich in seinen reifen Jahren mit der des damals noch jungen Epiktet. Obwohl beide dem kaiserlichen Hof Neros angehörten, gibt es keinen Beleg dafür, dass Seneca Epiktet kannte; und jedes Anzeichen dafür, dass Epiktet oder Mark Aurel Seneca beziehungsweise dessen Werk kannten, ist bestenfalls ein Indiz. Doch Senecas stoische Werke sind weitaus umfangreicher als die der beiden anderen zusammengenommen, und sie decken ein breiteres Spektrum philosophischer Themen ab. Daher waren sie für die Intellektuellen der Renaissance von besonderer Bedeutung, insbesondere für Justus Lipsius, den niederländischen Gelehrten, der im letzten Jahrzehnt des 16. und im ersten Jahrzehnt des 17. Jahrhunderts die ersten echten wissenschaftlichen Studien über den antiken Stoizismus veröffentlichte. Anders als Mark Aurel war Seneca bekennender Stoiker, der sich ohne jedes Zögern mit der Schule identifizierte. Im Gegensatz zu Epiktet lehrte er selbst nicht und hielt keine beruflichen Vorlesungen über den Stoizismus; ebenfalls im Gegensatz zu Epiktet schrieb er zahlreiche Werke in verschiedenen literarischen Gattungen. Diese waren allesamt in Latein verfasst und nicht in Griechisch, der Sprache, die von der überwiegenden Mehrheit der Philosophen in der Antike verwendet wurde, einschließlich aller frühen Stoiker, Epiktet und Mark Aurel. Selbst andere römische Zeitgenossen Senecas, die sich mit stoischen Themen befassten (wie Musonius Rufus und Cornutus), schrieben ihre philosophischen Werke auf Griechisch. Zum Teil deshalb, weil er auf Latein schrieb – und auch, weil er angeblich mit den Christen sympathisierte und mit dem heiligen Paulus korrespondierte –, haben seine Werke in der lateinischen Tradition Westeuropas bemerkenswert gut überdauern können. Erhalten geblieben sind vor allem diejenigen über Ethik, aber auch über Physik und Theologie und sogar einige Ausschnitte über Logik – obwohl Seneca wie Epiktet der Meinung war, dass seine Zeitgenossen der Logik zu viel Bedeutung beimaßen, sodass die meisten seiner Aussagen dazu eher kritisch sind.

Warum spielt Seneca, dessen Korpus von Werken über den Stoizismus so umfangreich ist – Werke, die eine große Spannbreite an Themen abdecken und deren Einfluss das gesamte Mittelalter hindurch bis ins 18. Jahrhundert anhielt –, keine wichtigere Rolle in unserem heutigen populären Verständnis des Stoizismus? Wie kam es, dass der Stoiker, dessen Vermächtnis im späteren Mittelalter und in der Renaissance von so grundlegender Bedeutung war, in der landläufigen Kultur nur mehr eine untergeordnete Rolle spielt?

Diese Frage stellt sich erst recht, wenn man sich den Entwicklungsverlauf von Senecas Einfluss ansieht. Als lateinischer Autor, dessen Schreibstil ebenso wie der Inhalt seiner Werke richtungsweisend war, ist er während des Mittelalters fast durchgehend bekannt gewesen, und in der Renaissance war er der erste stoische Autor, der »wiederentdeckt« wurde. Bis griechische Autoren zur Verfügung standen, zeichnete er maßgeblich für die Wiederbelebung des Interesses am Stoizismus verantwortlich und war (zusammen mit Cicero, dem Akademiker, dessen in den 50er- und 40er-Jahren v. Chr. auf Latein verfasste Dialoge viele Informationen über die Schule lieferten) eine äußerst wichtige Quelle von Informationen über den

Stoizismus. Seine Verbindung zum römischen Imperium ließ Senecas Einfluss in vielen Kreisen noch deutlich anwachsen. In Zeiten und an Orten, an denen die Römer als Vorbild oder Inspiration für Kultur und Politik in der Neuzeit galten, erlangten die Werke Senecas eine besondere Bedeutung. Obwohl er nicht so leicht mit republikanischen Tugenden in Verbindung gebracht werden konnte wie Cicero, konnte er doch als Teil des Widerstands gegen den tyrannischen Monarchen Nero dargestellt werden – auch wenn er tatsächlich viele Jahre lang ein wichtiges Mitglied seines Regimes war. Die sogenannte »stoische Opposition« gegen die Übermacht des Kaisers wurde lose mit Seneca in Verbindung gebracht – was vielleicht der Grund dafür war, dass Nero ihn schließlich dazu zwang, Selbstmord zu begehen –, und in seinen philosophischen Schriften machte Seneca auch den politischen Helden der späten Römischen Republik, Cato den Jüngeren, zu einem philosophischen Helden: zu einer römischen Version des stoischen Weisen. Infolgedessen stießen Seneca und sein Stoizismus auf außerordentliches Interesse, da man sich der Römischen Republik als Quelle für politische Ideen widmete.

Senecas Einfluss war in einigen Teilen Europas immer stärker als in anderen; er war für reformatorische Theologen wie Erasmus und Calvin von großem Interesse, und in Frankreich, in Italien und in seiner Heimat Spanien – Seneca wurde in der antiken römischen Kolonie Corduba geboren, dem heutigen Córdoba – war er besonders beliebt. Dennoch ist er kaum die Lichtgestalt für die Wiederbelebung des Stoizismus in der Neuzeit, als die Epiktet und Mark Aurel gelten. Die Gründe dafür sind vielschichtig. Einer davon dürfte sein, dass seine Werke in Latein verfasst sind – nicht gerade die Prestigesprache der Philosophie in der Antike und folglich weniger wesentlich für die Rezeption der antiken Philosophie seit dem

19. Jahrhundert. Hinzu kommt, dass er auch außerhalb der Philosophie ein außergewöhnlich gewandter Autor war, der Werke in mehreren Gattungen der Poesie und Prosa schrieb. Mit seinem versierten und auffälligen Schreibstil war er zu seiner Zeit ein gefeierter Autor, nicht unbedingt die Art Gelehrter, die wir üblicherweise mit ernsthafter philosophischer Reflexion verbinden. Schlimmer noch, er war Politiker, und zwar nicht einfach irgendein Politiker, sondern ein privilegierter Berater von Kaiser Nero – eine Position, die ihn außerordentlich reich machte und ihn kompromittierte, vor allem nachdem Nero in der Beliebtheit abstürzte. Der Ruf eines aalglatten Heuchlers hat daher sein Vermächtnis getrübt (es ist schwer vorstellbar, dass es etwas Schlimmeres für die Glaubwürdigkeit eines Philosophen gibt, vor allem eines Philosophen, der so viel über Ethik geschrieben hat), und dies hat, mehr als alles andere, die Begeisterung für sein Werk in der Neuzeit gedämpft und seinen Einfluss in der Populärkultur eingeschränkt. Einige Experten, nicht zuletzt Ilsetraut Hadot und Michel Foucault (vor allem in *The Care of the Self* und in *The Hermeneutics of the Subject*), haben Senecas Einfluss auf die antiken Praktiken der moralischen Verbesserung und der moralischen Erziehung untersucht, aber in den letzten 150 Jahren konnte er, was seinen Einfluss auf das populäre Verständnis des Stoizismus anbelangt, nicht mit Mark Aurel und Epiktet konkurrieren.

Trotz alledem gehören die Werke Senecas nach wie vor zu den besten Quellen, die uns einen Einblick in das stoische Denken der Antike bieten. Wenn wir uns mit der Geschichte der antiken Schule selbst befassen, im Gegensatz zu dem Bild, das heutzutage davon vorherrscht, dann werden wir – wie Lipsius – sehr oft auf seine Werke zurückgreifen. Aber hier geht es eher um unser modernes Verständnis des stoischen Denkens und um seine Bedeutung für die heutige Zeit. Und da ist sein Einfluss geringer, als man vielleicht erwartet hätte. Es wäre ein lohnendes Gedankenexperiment, sich vorzustellen, wie anders das heutige Bild des Stoizismus aussehen würde, wenn Seneca einen Platz neben dem Ex-Sklaven und dem Kaiser eingenommen hätte. Ein Unterschied bestünde sicherlich darin, dass wir die Bedeutung der Physik und der Naturphilosophie stärker wertschätzen würden – schließlich schrieb Seneca ein ausführliches Werk mit dem Titel *Naturwissenschaftliche Untersuchungen*, eines seiner wichtigsten und umfangreichsten Werke. Wir würden den Stoizismus vielleicht auch als etwas weniger trübsinnig und ernst ansehen als wir es heute tun – Seneca hatte als Autor eine bitterböse, komische Spottschrift über den römischen Kaiser Claudius verfasst, in der dieser bei seinem Tod vielmehr eine »Verkürbissung« statt einer Vergöttlichung erfährt. Zweifelsohne würden wir den Stoizismus deutlich stärker mit theoretischer Reflexion über soziale und politische Philosophie verbinden als mit bloßer persönlicher Selbstoptimierung – Senecas *Über die Wohltaten* und *Über die Milde* gehören zu den bedeutendsten Werken des sozialen und politischen Denkens, die aus der Antike erhalten geblieben sind. Obwohl Seneca ebenso wenig wie Epiktet logisches Fachwissen um seiner selbst willen anstrebt, würde er sicherlich ein Gegengewicht zu dem Eindruck bilden, den Mark Aurel entstehen lässt, nämlich dass fachliche Kenntnisse in Logik und Metaphysik für einen wahren Stoiker entbehrlich sind. Im Allgemeinen lässt sich sagen, während Mark Aurel den von Pierre Hadot enthusiastisch übernommenen Gedanken befördert, die grundlegende Botschaft des Stoizismus – ein moralisches Bekenntnis – sei im Grunde unabhängig von Physik und ernsthaft geführten theoretischen Nachforschungen, tut Seneca das genaue Gegenteil. Mehr noch als Epiktet macht Seneca deutlich, dass philosophisches Theoretisieren und Debattieren zusammen mit engagierten Bestrebungen zur Problemlösung für das letztendliche Ziel, das menschliche Leben zu verbessern, wesentlich sind. Wenn wir die frühe Geschichte der Stoa betrachten, wird sich dieses Konzept der stoischen Philosophie als ein Hauptmerkmal der Botschaft dieser Schule erweisen.

KAPITEL 3

DIE WURZELN DER STOA: STOIZISMUS UND PLATON

Die frühesten Stoiker hatten viel mit Platon und seinen Anhängern gemeinsam, nicht zuletzt die Tatsache, dass sie Sokrates als eine Art philosophischen Helden auf ein Podest stellten – wie auch die Kyniker, die ebenfalls einen starken Einfluss auf die Stoiker hatten. Wie wir noch sehen werden, stimmten die Stoiker in vielem mit Platon überein – oder vielmehr mit seinem Sprachrohr, dem Pythagoräer »Timaios«, dessen Theorie über die Entstehung des Universums in dem nach ihm benannten Dialog dargelegt wird. In *Timaios* heißt es, dass der Kosmos ein einziger, lebendiger Organismus ist, der von einem wohlwollenden Gott – dem Erbauer oder Demiurgen – geschaffen wurde, der will, dass in der Welt so viel Gutes und so viel Ordnung wie möglich herrschen. Diese Welt ist in hohem Maße zum Nutzen ihrer privilegiertesten Bewohner, der vernunftbegabten sterblichen Tiere – also der Menschen –, organisiert. Wie Xenophon, ein weiterer Verfasser sokratischer Dialoge, dessen Werke beim Gründer der Stoa – Zenon – großen Anklang fanden, war Platon der Ansicht, dass die Art, wie der menschliche Körper beschaffen ist, und die Tatsache, dass die Welt offensichtlich existiert, um unseren Bedürfnissen zu dienen (wenn wir denn klug genug sind, sie gut zu nutzen), eindeutige Anzeichen für eine wohlwollende und gefällige Gottheit sind, die unsere Welt geschaffen hat und sie weiterhin auf die geordnetste und hilfreichste Weise leitet, die nur irgend möglich ist.

Man könnte sich also fragen, warum die frühen Stoiker nicht einfach der von Platon gegründeten Schule, der Akademie, beigetreten sind. Die Frage stellt sich erst recht, wenn man berücksichtigt, dass Zenon beim vierten Leiter der Akademie, einem Philosophen namens Polemon, studierte. Platons Schule war in intellektueller Hinsicht recht liberal – obwohl es durchaus möglich ist, dass Aristoteles nach Platons Tod aufgrund seiner philosophischen Meinungsverschiedenheiten mit anderen führenden Platonikern, insbesondere mit Speusippos (Platons Neffe, der schließlich die Schule übernahm), nicht die Leitung der Akademie erhalten hat. In der Spätantike sah der platonische Philosoph Simplicius so viele Gemeinsamkeiten mit dem Stoizismus, dass er viel Mühe darauf verwandte, einen Kommentar zu Epiktets *Handbüchlein der Moral* zu verfassen. Was also war dann das Problem?

Mit einem Wort: Metaphysik. Platons Ideenlehre unterschied sich fundamental von anderen Lehren jener Zeit. Obwohl die genaue Formulierung dieser Theorie im Laufe seiner philosophischen Laufbahn variierte, wird Platon noch immer am stärksten mit dem Konzept in Verbindung gebracht, nach dem es unkörperliche Ideen (beziehungsweise Formen) gibt, die den Dingen im physischen

Bereich entsprechen, wobei jede Idee eine einzigartige und unveränderliche Realität ist, die sich von den physischen Gegenständen, die an ihnen »teilhaben«, unterscheidet und diese erst als Ursache ermöglicht. Der athenische Staatsmann Aristides ist gerecht; die Gesetze einer guten Stadt sind gerecht; aber all das ist gerecht, weil es an der Gerechtigkeit *teilhat* – einer Idee, die vollkommen ist und sich niemals verändert, während der Politiker Aristides möglicherweise im späteren Leben zu einem Schurken werden könnte und manche Städte Gesetze haben könnten, die nur annähernd und unzuverlässig gerecht sind. Helena von Troja ist schön, ebenso wie ein brillantes Gemälde oder ein perfekter Sonnenuntergang. Aber all das ist schön, weil es an der Schönheit *teilhat*, eine Idee, die im Gegensatz zu Helena, dem Gemälde und dem Sonnenuntergang niemals vergehen und sich niemals wandeln wird.

Die Ideen spielten in Platons Metaphysik eine große Rolle, und noch heute wird lebhaft über die Einzelheiten seiner Theorie debattiert. Die Ideen verleihen Wörtern einen Sinn; ohne sie, so Platon, wäre ein Diskurs unmöglich (*Parmenides* 135). Sie sind *die* Ursachen schlechthin für Dinge und ihre Eigenschaften (*Phaidon* 99–107). Und sie sind die eigentlichen Gegenstände des Wissens (*Republic* 476–480). Die physischen Einzeldinge, die wir überall um uns herum sehen, können nicht zu wahrem Wissen führen, weil sie nicht beständig und präzise genug sind, um Gegenstand einer Erkenntnis zu sein, die selbst wiederum perfekt und sicher wäre. Um all dies leisten zu können, mussten sich die platonischen Ideen (oder Formen) irgendwie von den Einzeldingen, die ihnen laut Platon ihre Existenz verdanken, unterscheiden, und diese Unterscheidbarkeit wurde als »Trennung« bezeichnet. Es gibt noch immer eine weitreichende Debatte darüber, was Trennung für Platon tatsächlich bedeutete, aber zumindest Aristoteles sah darin (zusammen mit dem unzureichend erklärten Begriff der »Teilhabe«) eine fatale Schwäche der platonischen Theorie.

So sahen es auch die Stoiker. Ihrer Ansicht nach können die platonischen Ideen keine individuellen und getrennt existierenden Dinge sein, welche die physischen Einzeldinge zu dem machen, was sie sind. Den Stoikern zufolge hat Platon diese Ideen eingeführt, um die Begriffe oder Gedanken der Menschen zu erklären – das ist tatsächlich auch schon alles, was sie sind: menschliche Gedanken, die künstlich in einen besonderen metaphysischen Status erhoben wurden, auf den sie keinen rechtmäßigen Anspruch haben – und um zu erklären, wie unsere Sprache funktioniert, wie es möglich ist, dass wir in Gesprächen mit anderen zuverlässig bestimmte Begriffe verwenden können. Aber mehr als das wäre nicht gerechtfertigt. Sie sollten definitiv nicht als Ursache von etwas betrachtet werden, da nach Auffassung der Stoiker unkörperliche Dinge nicht auf etwas anderes einwirken können und nicht auf sie eingewirkt werden kann – auch wenn solche Dinge wesentlich dazu beitragen mögen, wie wir die Welt beschreiben, besitzen sie keinerlei kausale Wirksamkeit.

Wie wir gleich sehen werden, ersetzten die Stoiker die platonische Metaphysik durch eine grundlegend neue Theorie. Ohne ein gewisses Bekenntnis zu den Ideen im Sinne Platons – den Formen – konnte man kaum Platoniker sein, und vielleicht war genau das der Punkt, der sogar Aristoteles aus der platonischen Welt, in der er ausgebildet worden war, vertrieb. Wie er bekanntlich sagte, mögen die Verfechter der Formen zwar Freunde sein, aber die Wahrheit ist wichtiger (*Nikomachische Ethik* 1096a 12–16). Zenons Beziehung zu den Platonikern war nie so eng wie die von Aristoteles, und sein metaphysischer Revisionismus war noch radikaler. Er mochte mit Platon die Heldenverehrung Sokrates' teilen; die Überzeugung, dass Tugend der Schlüssel zu Glückseligkeit ist – und dass es vier Grundformen der Tugend gibt; die Vorstellung, dass die Welt ein göttlich geschaffenes Gefüge mit einem besonderen Platz für den Menschen darin ist; und die Ansicht, dass Wissen ein kognitiver Zustand von höchster Vollkommenheit ist, der keinen Zweifel, keine Abweichung oder Änderung zulässt. Aber er konnte die Formen – die platonischen Ideen – nicht akzeptieren. Und so musste der Stoizismus (trotz der schwachen Bemühungen des abtrünnigen Akademikers Antiochos von Askalon einige Jahrhunderte später, im 1. Jahrhundert v. Chr.) zu einer eigenständigen Philosophie werden.

Der brillante französische Philosoph und Gelehrte Jacques Brunschwig hat den philosophischen Knackpunkt identifiziert, der Zenon dazu inspiriert zu haben scheint, sich von der platonischen Metaphysik in der Weise zu lösen, wie er es tat. Eine faszinierende Passage (245e–249d) in einem der späteren Dialoge Platons, *Der Sophist,* lieferte Zenon die Antwort, wie er mit der Meinungsverschiedenheit in Bezug auf die unkörperlichen Formen umgehen könne, was die Entwicklung seines eigenen metaphysischen Systems ins Rollen brachte (einige ausgewählte Schlüsselpassagen aus diesem Werk folgen). Daraus entwickelte er ein ganzes philosophisches System, das zunächst erfolgreich mit der platonischen Metaphysik konkurrierte und dann, Jahrhunderte später, die in jenem Dialog begonnene Debatte letztlich verlor.

Platons *Der Sophist*

– »Weil sie untereinander so uneins sind über das Sein, scheint ein wahrer Krieg zwischen den Göttern und Riesen zu herrschen.«

– »Was meinst du damit?«

– »Die eine Seite zieht alles aus dem Himmel, das heißt, aus dem Unsichtbaren auf die Erde herab – sie umklammern sogar Felsen und Bäume mit ihren bloßen Händen. Und sie halten sich an all solchen Dingen und behaupten, dass nur das, woran man sich stoßen und was man berühren kann, *ist*, und erklären, dass Körper und Sein dasselbe sind. Und wenn jemand sagt, dass irgendetwas anderes, das körperlos ist, *ist*, verachten sie ihn zutiefst und weigern sich, irgendetwas anderes, das er sagt, anzuhören.«

– »Du hast wirklich üble Menschen beschrieben, gewiss. Ich bin schon auf einige von ihnen getroffen.«

– »Deshalb verteidigen sich diejenigen, die in der Debatte die andere Seite vertreten, sehr vorsichtig gegen sie. Sie nehmen ihren Standpunkt hoch oben im Unsichtbaren ein und behaupten, gewisse denkbare, unkörperliche Ideen wären das wahre Sein ...« (246a–b)

– »Fragen wir sie also noch einmal. Denn wenn sie bereit sind, zuzugeben, dass auch nur ein kleiner Teil der Dinge, die *sind*, unkörperlich ist, dann reicht das schon. Sie werden erklären müssen, was sowohl diesen Dingen als auch den körperlichen Dingen gemeinsam ist, das heißt, worauf sie sich beziehen, wenn sie behaupten, dass beide Arten von

Dingen *sind*. Und vielleicht werden sie um eine Antwort verlegen sein. Und wenn dies ihre Erfahrung ist, so sieh zu, ob sie bereit wären, einen Vorschlag von uns anzunehmen und zuzustimmen, dass das Sein so etwas ist.«

– »Was denn? Komm schon, sag es mir, und wir werden es vielleicht gleich wissen.«

– »Nun, ich sage, dass etwas, das irgendeine Art von Fähigkeit besitzt, ob es nun von Natur aus in der Lage ist, auf etwas anderes einzuwirken, oder ob es von etwas anderem beeinflusst werden kann (egal, wie klein es selbst ist oder wie gering das ist, das auf es einwirkt, und selbst, wenn es das nur einmal tut) – dass alles solcher Art wirklich *ist*. Ich schlage vor, dass wir dies als Definition nehmen: Das *Seiende* ist nichts anderes als eine Fähigkeit.« (247c–e)

Die Riesen in Platons Erzählung (denen wir auf den nächsten Seiten wieder begegnen werden) ziehen »alles aus dem Himmel, das heißt, aus dem Unsichtbaren auf die Erde herab« und »behaupten, dass nur das, woran man sich stoßen und was man berühren kann, *ist*, und erklären, dass Körper und Sein dasselbe sind«. Ihren Standpunkt drückt Platon etwas später so aus:

> (…) etwas, das irgendeine Art von Fähigkeit besitzt, ob es nun von Natur aus in der Lage ist, auf etwas anderes einzuwirken, oder ob es von etwas anderem beeinflusst werden kann (egal, wie klein es selbst ist oder wie gering das ist, das auf es einwirkt, und selbst, wenn es das nur einmal tut) – dass alles solcher Art wirklich *ist*.

Die Antwort der Stoiker auf Platon war keinesfalls undifferenziert, aber letztendlich vertrat Zenon die Ansicht, dass alles, was *ist*, die Fähigkeit haben muss, auf andere Dinge einzuwirken oder von etwas anderem beeinflusst zu werden, und dass nur ein Körper solche Fähigkeiten besitzt (Cicero, *Academica* 1.39). Im Gegensatz dazu besitzt alles Nichtkörperliche keine solche Fähigkeit (Sextus Empiricus, *Adversus mathematicos* 8.263). Dieser Materialismus wurde von den Stoikern bis zum Ende der Geschichte der Schule beibehalten (wenn nicht Mark Aurel einige Zweifel hegte, was ich in Kapitel 4 nahelegen werde).

Die Vorstellung, dass nur etwas Körperliches auf etwas anderes einwirken oder von etwas beeinflusst werden kann, mag zwar recht vertraut und plausibel erscheinen, doch sie beruhte auf einer kühnen neuen Auffassung von Kausalität, die im Widerspruch zu den Vorstellungen von Platon und Aristoteles und deren Anhängern stand. Sie war auch mit einem ziemlich hohen Preis verbunden, zumindest aus Sicht der Platoniker. Es bedeutete zum Beispiel, dass die Seele – die eindeutig auf den Körper einwirkt und von ihm beeinflusst wird – materiell sein muss, obwohl sie unsichtbar und nicht greifbar ist. Eigenschaften und andere Merkmale von Körpern müssen demnach ebenfalls körperlich sein, da sie kausal mit physischen Dingen interagieren. Daher erweisen sich auch die Tugenden, die in Platons Ideenlehre metaphysisch so hochgehalten werden, als Zustände einer materiellen Seele. Es ist nicht so, dass Aristides *teilhat* an der Idee der Gerechtigkeit; seine Gerechtigkeit besteht in besonderen Modifikationen seiner körperlichen Seele. Selbst Gott muss demnach körperlich sein, und so sah sich die platonische Vorstellung, dass körperliche Dinge notwendigerweise vergänglich sind, zwangsläufig Kritik ausgesetzt. Dennoch erwiesen sich einige Dinge, wie die zeitliche und die räumliche Ausdehnung – sowohl mit etwas darin als auch leer –, hartnäckig als nicht körperlich. Diese »unkörperlichen« Dinge, wie die Stoiker sie nannten, konnten keine kausale Wirksamkeit haben, obwohl sie für die Erklärung der physischen Welt notwendig sind. Folglich mussten die Stoiker einen metaphysischen Status für solche Dinge entwickeln, der ihre »Realität« anerkannte, ohne sie als Körper zu behandeln. Und das bedeutete, dass eine höhere Kategorie benötigt wurde, die sowohl das unkörperliche als auch das körperliche Seiende umfasste – und so setzten sie die berüchtigten »Etwas« ein, die diese Aufgabe erfüllen sollten, ein Schritt, an dem viele Kritiker großen Anstoß nahmen. »Seiendes« war nicht länger der höchste Oberbegriff in der Hierarchie der metaphysischen Kategorisierung, die von Platonikern und sogar Aristotelikern in der späteren Antike so hoch geschätzt wurde.

Aber sobald diese radikal neue Metaphysik eingeführt war, gab sie den Stoikern die Mittel an die Hand, auch andere auftauchende Probleme zu lösen. Platon vertrat die Ansicht, dass Ideen unseren Worten und Gedanken eine Bedeutung verleihen und uns in die Lage versetzen, zu kommunizieren. Damit Sie verstehen, was ich meine, wenn ich »Pferd« sage, müssen wir beide Zugang zu der üblichen Idee (beziehungsweise Form) des Pferdes haben, die meinen Worten, ob laut ausgesprochen oder im Stillen gedacht, eine zuverlässige Bedeutung verleiht. Wie könnten die Stoiker ohne Ideen im Sinne Platons die Bedeutung und den Inhalt unseres Diskurses erklären? Als Antwort darauf präsentierten sie eine neue Art von Unkörperlichem, das »Sagbare« (*lekton*), das nicht im strengen Sinne als *Seiendes* existiert, sondern dessen Realität abhängiger Art ist. Meine Gedanken und Äußerungen haben allesamt einen sinnvollen Inhalt, weil es dieses Sagbare gibt. Unsere Kommunikationsbemühungen sind dann erfolgreich, wenn meine Worte – die selbst physische Modifikationen der Luft sind – bewirken, dass Sie die gleichen Gedanken haben, die ich hatte, als ich sie aussprach. Die Worte bewirken dies, indem sie Ihre Seele so verändern, dass derselbe sagbare Inhalt Ihrem psychologischen Zustand anhaftet, wie er auch in meiner Seele vorhanden war, als ich sprach.

Zudem sorgten die Ideen in der platonischen Theorie, zumindest laut einigen Interpretationen, für die Schaffung eines metaphysischen Status für Universalien (also Allgemeinbegriffe). Wenn jedes einzelne Exemplar einer Art den anderen Angehörigen dieser Art gleich ist – alles, was tatsächlich Pferd heißt, ist gleich, und zwar dahingehend, dass es sich um ein Pferd handelt –, dann muss diese universelle Tatsache eine Grundlage in der Realität haben. Für die Platoniker ist diese Grundlage die Idee (Form) und nicht bloß eine gedankliche Vorstellung, die wir zufällig miteinander teilen mögen. Aber wie wir gesehen haben, lehnen die Stoiker diese Erläuterung zu den Universalien ab. Sie sagen vielmehr, dass Ideen nur unsere Gedanken sind (*ennoēmata*, was sich mit »Begriffe« oder »Vorstellungen« übersetzen lässt). Diese Vorstellungen sind in der stoischen Theorie nicht etwas real Seiendes, obwohl sie bei der Erläuterung der Universalien an die Stelle der platonischen Ideen treten sollten.

Das bedeutete letztendlich, dass den Universalien nichts real Seiendes zugrunde liegt, sondern wir sie lediglich mit unserem Verstand erschaffen, und zwar als Ergebnis der relativ einheitlichen Erfahrungen, die wir mit den Objekten unserer Welt machen – Erfahrungen, die wir letztlich durch Sinneswahrnehmung erwerben. Die Stoiker vertraten eine Version dessen, was später als »Nominalismus« bezeichnet wurde, ebenso wie Aristoteles und andere Schulen (beispielsweise die Epikureer), welche die unabhängige Existenz von Ideen als Grundlage von Allgemeinbegriffen bestritten.

Die Stoiker waren also Riesen im Sinne Platons, die nur den Körpern eine reale Existenz – im strengsten Sinne – zugestanden. Die Auswirkungen dieser metaphysischen Revolution waren beträchtlich; durch sie unterschied sich der Stoizismus in den meisten philosophischen Betätigungsfeldern von anderen Schulen, was ihn zu etwas Einzigartigem machte. Auch in anderen Bereichen wie der Erkenntnistheorie und der Ethik – sowohl in der Theorie als auch in der Praxis – vertraten die Stoiker ihre ganz eigenen Ansichten, die jedoch nicht alle ihren Ursprung in ihren metaphysischen Anschauungen hatten. Wenn wir aber wissen wollen, was hauptsächlich dazu beitrug, dass die Stoa in der Antike zu einer gesonderten Schule mit eigener Agenda wurde, haben wir die Antwort schon gefunden.

Obwohl die Metaphysik der wichtigste Faktor war, weshalb die Stoiker eine eigenständige Schule gründeten, bildete sie innerhalb der stoischen Philosophie, die sich formell mit Physik, Ethik und Logik beschäftigte, kein eigenständiges Gebiet. In den folgenden Kapiteln stelle ich die wichtigsten stoischen Anschauungen und Theorien in jedem dieser Bereiche vor; leider bleibt nicht immer Platz für eine vollständige Darstellung der Beweggründe, die hinter den Lehren stehen, aber der Abschnitt »Weiterführende Literatur« liefert Empfehlungen von Werken, die sich mit den jeweiligen Aspekten des Stoizismus eingehender beschäftigen.

Wenn der Stoizismus nicht nur aus Ethik und praktischen Ratschlägen für ein glückseliges Leben besteht, was ist er dann eigentlich? Die Antwort liegt in dem, was uns unsere antiken Quellen über ihre Auffassung von Philosophie erzählen. Von Anfang an unterteilten die antiken Stoiker die Philosophie, wie sie sie verstanden, in drei Bereiche: Logik, Physik und Ethik. Damit folgten sie dem Vorschlag eines frühen Platonikers, Xenokrates (396–314 v. Chr., drittes

Oberhaupt der Akademie), aber die Vorstellung, dass die Philosophie (oder der philosophische Diskurs – beide Darstellungen sind belegt) aus diesen drei Themen besteht, war keineswegs unumstritten. Platon selbst hat die Philosophie nie ausdrücklich in mehrere Teile untergliedert; Aristoteles' Anhänger und vielleicht auch Aristoteles selbst betrachteten die Logik eher als ein Hilfsmittel, das man bei der Ausübung der Philosophie benutzte, denn als einen Teil von ihr (obwohl Aristoteles in *Topik* 1.14, 105b19–29 eher Xenokrates' Dreiteilung zugeneigt zu sein scheint). Auch Epikur betrachtete die Logik – die Lehre von der Argumentation und den Untersuchungsmethoden – als von den anderen Bereichen getrennt und als Hilfsmittel. Er nannte sie »Kanonik« oder die Lehre von den Kriterien. Für Aristoteles gab es eine grundlegende Unterscheidung zwischen praktischer und theoretischer Philosophie, wobei die Ethik (zusammen mit der Politik und der Rhetorik) in den praktischen Zweig und die Physik, die Metaphysik und die mathematischen Wissenschaften in den theoretischen Zweig fielen; die verschiedenen theoretischen Wissenschaften unterschieden sich durch die Art der Objekte, die sie untersuchten. Als die Stoiker also die Unterteilung in Logik, Physik und Ethik übernahmen, war das für sie nicht unbedingt selbstverständlich.

Die Logik selbst war weit mehr als das, was wir heute unter Logik verstehen; sie umfasste mehr als nur die Analyse gültiger Formen des Schlussfolgerns und deckte alles ab, was mit dem Studium des *logos* (Sprache oder Rede) zusammenhing: Rhetorik, Sprachphilosophie und Linguistik. Die Physik umfasste Theorien über die Beschaffenheit von Materie, den Ursprung und die Entwicklung des Kosmos, die Astronomie, das Wesen der Götter, die Ökologie und vieles mehr. Zur Ethik gehörte alles, was mit dem guten menschlichen Leben zu tun hatte, und so gehörte die politische Philosophie ebenso dazu wie die Analyse der persönlichen Glückseligkeit, die sich auf Vorstellungen über das Ziel des Lebens (*telos*) und Werte konzentrierte. Es ist nicht klar, wohin nach Ansicht der Stoiker Disziplinen wie die Mathematik gehörten, und in vielen Zweigen der modernen Philosophie überschneiden sich ebenfalls die Grenzen der stoischen Unterteilung: Philosophie des Geistes, Erkenntnistheorie und Metaphysik sind die deutlichsten Beispiele; aber auch die Wissenschaftsphilosophie und die Ästhetik sind für mehr als einen Zweig der stoischen Philosophie relevant.

Für die Stoiker war die Philosophie also viel mehr als Ethik, Seelenpflege und Vorschriften für eine bestimmte Lebensweise. Alle drei Bereiche der Philosophie waren für die meisten von ihnen unverzichtbar. Davon gab es nur wenige Ausnahmen, allen voran Ariston von Chios, der Schüler Zenons, der behauptete, die Ethik sei nicht nur das Herzstück der Philosophie, sondern auch der einzige Teil, den man brauche; er hielt insbesondere die Logik für eine unnütze intellektuelle Verschwendung. Aber selbst die Stoiker, die sich darin einig waren, dass es aller drei Bereiche bedarf, waren sich darin uneins, in welcher Beziehung diese zueinander stehen sollten. Ihre unterschiedlichen Ansichten werden in so manchen Analogien deutlich. Verglichen sie beispielsweise die Philosophie mit einem lebenden Tier, so gab es unterschiedliche Auffassungen. Für einige ist die Logik wie die Knochen und Sehnen, die Ethik wie die fleischigen Teile und die Physik wie die Seele. Für den großen Poseidonios jedoch ist die Ethik wie die Seele und die Physik wie Fleisch und Blut. Andere Stoiker verglichen die Philosophie mit einem Ei, wobei die Logik die Schale ist, die Ethik das Eiweiß, welches das embryonale Küken schützt und nährt, und die Physik der Dotter, in dem der Embryo wächst und zum neuen Tier wird.

Einige dieser Vergleiche legen nahe, dass die Physik der entscheidende Punkt der Philosophie ist, wobei die Ethik sie nährt (das Eiweiß) oder ihre Funktion ermöglicht (so wie das Fleisch es der Seele ermöglicht, ihre Tätigkeiten auszuüben) und die Logik eine Art Schutz vor äußerer Bedrohung (die Eierschale) oder ein strukturelles Gerüst darstellt, welches das gesamte Vernunftgebäude trägt. Für Poseidonios war jedoch eindeutig die Ethik der entscheidende Punkt der Philosophie. Aber neben den Vergleichen mit dem lebenden Tier und dem Ei gab es noch weitere, und diese brachten unterschiedliche Ansichten darüber zum Ausdruck, wie Philosophie aufgebaut ist. Wenn Philosophie wie ein landwirtschaftlicher Acker ist, dann ist dessen Zaun oder Mauer die Logik, die ihn auch hier vor äußeren Bedrohungen schützt; und die Physik ist das Land oder die Bäume; während die Frucht selbst die Ethik ist – auch hier scheint die Ethik die Rolle des endgültigen Zwecks zu spielen. Andere Stoiker verglichen Philosophie mit einer gut organisierten Stadt, die nach rationalen Grundsätzen verwaltet wird und durch eine Mauer geschützt ist; vielleicht ist die Logik die Mauer, aber rationale Grundsätze sind in einer solchen Stadt überall zu finden.

Es waren sich offensichtlich nicht alle Stoiker einig darüber, ob die Ethik oder die Physik das letztendliche Ziel der Philosophie sei. Auch waren sie sich nicht einig darüber, wie die verschiedenen Bereiche der Philosophie gelehrt werden sollten, eine Frage, die deren relative Bedeutung und Zugänglichkeit widerspiegelt. Einige, darunter Zenon, vertraten die Ansicht, dass die Reihenfolge Logik, Physik, Ethik lauten sollte; andere setzten die Ethik an die erste oder zweite Stelle statt an die letzte. Während Poseidonios wollte, dass die Lehre mit der Physik beginnt, wollte Chrysipp, dass die Reihenfolge Logik, Ethik, Physik lautet, wobei die Theologie innerhalb der Physik den Höhepunkt bilden sollte. Andere Stoiker, deren Ansicht wir vielleicht als sinnvoller erachten, meinten, dass die einzelnen Bereiche der Philosophie untrennbar miteinander verbunden seien, und versuchten daher gar nicht erst, sie im Unterricht voneinander zu trennen.

Angesichts der breit gefächerten Meinungen zu dieser Frage innerhalb der Schule sollten wir uns vielleicht nicht allzu viele Gedanken darüber machen, was der Stoizismus als solcher darüber zu sagen hat, welcher Bereich von Philosophie am wichtigsten ist. Mit Ausnahme von Ariston und einigen wenigen anderen waren sich die Stoiker einig, dass allen drei Bereichen eine wichtige Rolle zukommt, und es wäre ein Fehler, zu behaupten, dass es in der stoischen Philosophie *in Wirklichkeit* nur um bestimmte ethische und spirituelle Praktiken geht und die Lehre der Physik und der Logik eine mehr oder weniger untergeordnete Rolle spielt. Sicherlich gab es spätere Stoiker wie Seneca und Epiktet, die sich energisch gegen eine Überbetonung der Rolle von Logik und Dialektik aussprachen, aber das ist immer noch weit davon entfernt, zu behaupten, Logik sei kein wichtiger Bestandteil der Philosophie. Intellektuelle Praktiken, die außerhalb der Philosophie stehen und ihr dienen, wurden von Poseidonios anerkannt (zumindest laut Seneca in *Briefe an Lucilius*, 88) – zum Beispiel Geometrie und Optik. Kein Stoiker hat die Logik oder die Physik in eine derartige untergeordnete Position gegenüber der Ethik gebracht.

Sogar Epiktet, der eine Gliederung des philosophischen Unterrichts in drei »Themen« befürwortete (siehe *Unterredungen* 3.2; in manchen Übersetzungen als »Punkte« bezeichnet), erkannte an, dass die Logik zur eigentlichen Philosophie gehört. Seine »Themen« waren: erstens die Beherrschung von Verlangen und Abneigung (um zu vermeiden, dass man das Unerreichbare begehrt); zweitens das Kontrollieren der eigenen Neigungen, um sich bei allen Gelegenheiten angemessen zu verhalten; und drittens die dialektische Kunstfertigkeit, um zu vermeiden, dass man beim logischen Schlussfolgern bei irgendeinem der Themen Fehler macht. Selbst die Physik kann man nicht ausklammern, wenn man die Philosophie auf diese Art strukturiert, auch wenn sie eindeutig im Hintergrund steht, denn wir können unmöglich wissen, was wir erreichen können und was nicht, wenn wir nicht die natürliche Welt und ihre göttliche Lenkung einer genauen Betrachtung unterziehen (ich werde dies in Kapitel 4 näher erläutern). Ebenso können wir nicht herausfinden, welches Verhalten für einen Menschen angemessen ist, wenn wir nicht wissen, welche Art von Tier wir sind, wie Platons Sokrates in *Phaidros* (230a) sagte; und dieses Thema ist eindeutig Teil des Studiums der natürlichen Welt. Die göttliche Lenkung einer geordneten Welt und die natürliche Geselligkeit der menschlichen Spezies sind ebenso Teil der Physik wie das Studium der Himmelskörper oder die Beschaffenheit der vier Elemente. Die drei Themen des Epiktet gehören eindeutig zu der bereits erwähnten »gemischten« Art, die stoische Lehre zu unterrichten, und stellen keinen bedeutenden Wandel in der Art und Weise dar, wie er die Ethik im Verhältnis zum Rest der Philosophie betrachtete.

KAPITEL 4

PHYSIK

Eine der wichtigsten Scheidelinien in der griechischen Theorie der Physik war die Frage nach der Beschaffenheit von Materie – für die Aristoteles' Bezeichnung *hylē* zum Standard wurde. Schon bevor Aristoteles den Begriff der Materie in seiner eigenen, brillant detaillierten physikalischen Theorie formalisierte, waren die Philosophen in dieser Frage unterschiedlicher Meinung. Einige behandelten die Materie als eine homogene Art von Stoff, der aus Teilchen besteht, die nicht weiter unterteilt werden können (das heißt, sie waren Atomisten), während andere einen eher qualitativen Ansatz verfolgten und die Vorstellung ultimativer Atome ablehnten sowie die damit einhergehende Auffassung, dass es eine Leere gibt, die diese Teilchen voneinander trennt. Empedokles zum Beispiel vertrat die Ansicht, dass es vier grundlegende Arten von Materie gibt – Erde, Luft, Feuer und Wasser, auch wenn er eine ganze Reihe verschiedener

Namen für sie verwendete –, aber keinen leeren Raum im Universum. Er war der Meinung, dass jeder dieser Grundstoffe elementar ist und keiner Veränderung unterliegt, abgesehen von einer räumlichen Neuordnung, die stattfindet, wenn sich das Mischungsverhältnis dieser Grundstoffe ändert, sodass die komplexen Körper entstehen, die wir sinnlich wahrnehmen können.

Die Begründer des Atomismus, Leukipp und Demokrit, entwickelten eine ausgefeilte Theorie, nach der die qualitative Vielfalt, die wir beobachten, durch Interaktion von Atomen zu erklären ist, die sich nicht in ihrer Qualität unterscheiden, sondern unterschiedliche Größen und Formen besitzen. Im Hellenismus wurde diese allgemeine Herangehensweise zur Erklärung der Welt von Epikur und seinen Anhängern übernommen und weiterentwickelt. Empedokles' Ansatz wurde von Aristoteles aufgegriffen, der meinte, der Kosmos bestehe aus den vier einfachen Stoffen (Erde, Luft, Feuer und Wasser), wobei der Hauptunterschied zu Empedokles' Theorie darin besteht, dass diese Stoffe für Aristoteles nicht endgültig und nicht unveränderlich sind. Für Aristoteles liegen diesen einfachen Stoffen, die nicht elementar sind, vier grundlegende Eigenschaften zugrunde: heiß, kalt, feucht und trocken. Luft kann sich in Wasser, Wasser in Erde verwandeln und so weiter, und die wechselseitige Verwandlung dieser qualitativ definierten Stoffe ist eines der Hauptmerkmale seiner Naturphilosophie, welche die einfachere Kombination und Zusammensetzung nach Empedokles und den Atomisten ersetzt. Seine Theorie der qualitativen Umwandlung war eine stark verbesserte Version früherer vorsokratischer Theorien, die derartige Veränderungen zwischen verschiedenen qualitativen Stoffen berücksichtigten.

Platons Theorie, wie sie in *Timaios* entwickelt wurde, erkannte ebenfalls die vier empedokleischen Grundstoffe an, aber wie

Aristoteles nach ihm war er nicht der Meinung, dass sie unveränderlich sind. Da sie aus irreduziblen geometrischen Teilen bestehen (Dreiecksflächen, die sich zu dreidimensionalen Teilchen zusammenfügen), können diese Grundstoffe durch Zerlegung und Neuanordnung der Dreiecke größtenteils transformiert werden. So lassen Wasser, Luft und Feuer eine wechselseitige Umwandlung zu, während die Erde, die aus einzigartig geformten Dreiecken besteht, von diesem Zyklus der Veränderung ausgenommen ist. Dass diese Arten der Materie in der Tat durch nichtqualitative Komponenten (die Dreiecke) erklärbar sind, lädt dazu ein, Platons Theorie als eine Art mathematischen Atomismus zu betrachten (wobei sie zweifelsohne viel den pythagoreischen Vorgängern zu verdanken hat), aber wenn es um praktische Zwecke geht, erscheint Platon eher als Vier-Elemente-Theoretiker denn als Atomist.

Die einzigartige Stellung der Erde ist ein besonderes Merkmal von Platons Theorie, und auch Aristoteles fügt der makellosen Vier-Elemente-Theorie einen Kratzer zu. Nachdem er jedem der vier Grundstoffe eine charakteristische Bewegungsart zugeordnet hatte – Erde und Wasser bewegen sich linear zum Zentrum hin, Luft und Feuer zur Peripherie des kugelförmigen Kosmos –, musste er für die Himmelskörper, die sich typischerweise im Kreis bewegen, eine fünfte Art von Materie postulieren. Auch Platon erkannte den besonderen Charakter der ewigen Himmelskörper, und eine der umstrittensten Fragen der antiken Theorie der Physik blieb die, ob der Himmel (im Wesentlichen der Teil des Kosmos, der weiter von der Erde entfernt ist als der Mond) aus einem anderen Stoff besteht und anderen Regeln folgt als die, welche hier auf der Erde und in ihrer unmittelbaren Umgebung gelten.

Vor diesem Hintergrund reihen sich die Stoiker eindeutig in die nichtatomistische Tradition ein, da sie sich der unendlichen

Teilbarkeit der Materie, der Ablehnung leeren Raumes und der tragenden Rolle der vier Grundarten der Materie – Erde, Luft, Feuer und Wasser – verschrieben hatten. Im Gegensatz zu Platon und Aristoteles glaubten die Stoiker nicht, dass sie eine eigene Art von Materie für die Himmelskörper postulieren müssten oder dass der ewige währende Himmel nach anderen Gesetzen funktioniert. Allerdings wurde das Feuer oft als ein Element mit unterschiedlichen Eigenschaften angesehen, sowohl schöpferisch als auch zerstörerisch, wobei das schöpferische Feuer für Leben und Bewegung verantwortlich ist. Diese Ablehnung einer separaten göttlichen Sphäre markiert einen weiteren und sehr wichtigen Unterschied zwischen den Stoikern und den aristotelischen beziehungsweise platonischen Traditionen. Die Stoiker betrachteten das Universum noch radikaler als Einheit, wobei die göttliche Kraft, die es erhält (etwas, woran sowohl Platon als auch Aristoteles im Gegensatz zu den Atomisten glaubten), nicht in einen gesonderten metaphysischen oder überirdischen Bereich ausgegliedert ist, sondern vielmehr die gesamte materielle Welt durchdringt – so wie es sein muss, wenn sie eine kausale Wirkmacht auf den Rest der Materie im Universum haben soll. Wir werden später auf diesen Aspekt der stoischen Physik zurückkommen.

Für die Stoiker besteht die gesamte geordnete Welt, oder der Kosmos, aus diesen vier Elementen, ihren Kombinationen und Zusammensetzungen, die alle ständig in Bewegung sind. Innerhalb des Kosmos gibt es keine Leere – die Stoiker gingen allerdings im Gegensatz zu Aristoteles von einer Leere außerhalb des Kosmos aus –, und die Materie in all ihren Formen ist unendlich teilbar, worin sie mit Aristoteles übereinstimmten. Im Gegensatz zu Aristoteles ordneten die Stoiker jedoch jeder Art von Materie eine Primärqualität zu (Feuer ist heiß, Luft ist kalt, Erde ist trocken und Wasser ist feucht) und nicht zwei, und alle Materie strebt zum Zentrum des kugelförmigen Kosmos, wenn auch natürlich in unterschiedlichem Maße. Dieses konvergente Verhalten hilft, die Einheit des Kosmos zu erklären und wie er zusammenhält. Wie Platon in *Timaios* betrachteten auch die Stoiker den Kosmos als etwas Lebendiges; doch während bei Platon ein eigenständiger Schöpfergott die Welt mit Leben erfüllt, indem er ihr eine Seele verleiht, bevorzugen die Stoiker eine ganz und gar einheitliche Vorstellung vom Kosmos. Demnach gibt es eine Gottheit, die den Kosmos belebt, aber sie ist materiell und wohnt dem gesamten Kosmos inne; sie heißt »Zeus« oder »Gott« oder »Natur« und wird mit der reinsten Form des Elements Feuer gleichgesetzt.

Aristoteles, dessen Kosmologie in mancherlei Hinsicht derjenigen der Stoiker sehr ähnelt, vertrat die Auffassung, der Kosmos sei ewig – er habe schon immer bestanden und werde immer bestehen –, und er werde von einem nichtphysischen Gott aufrechterhalten, der »außerhalb« des Kosmos existiere und als erster und selbst unveränderlicher Beweger diene, indem er ein Objekt der Bewunderung und Liebe für die Himmelskörper und letztlich für alles im Kosmos sei. Für die Stoiker ist der Kosmos eine Einheit, in der alles miteinander verwoben ist, und der ihn erhaltende Gott steht nicht außerhalb davon. Gott ist vielmehr das aktive oder »schöpferische« Merkmal der Welt, das alles durchdringt, den Zusammenhalt der Welt gewährleistet und sie zu einer Einheit macht, die durch und durch rational und geordnet ist. Auch die Stoiker sind der Ansicht, der Kosmos sei ewig, aber in einem etwas anderen Sinn. Vielleicht in Anlehnung an Empedokles bringen die Stoiker die scheinbaren langsamen Veränderungen in der Welt mit der Beständigkeit, die jeder im Göttlichen wurzelnden Sache innewohnen soll, in Einklang, indem sie ein zyklisches Muster der Veränderung postulieren. Wie Empedokles annahm, liegt in jedem regelmäßig wiederkehrenden Veränderungsmuster eine Art Beständigkeit, und die Stoiker stellten ihre eigene Hypothese eines kosmischen Zyklus auf – nicht angetrieben von den konkurrierenden Kräften der Liebe und des Zwists, sondern durchgängig gelenkt von dem einzigen wirklich beständigen Akteur in ihrer Kosmologie, Zeus (oder der Natur), in seiner Gestalt als reines Feuer.

Nach der stoischen Theorie (siehe Abbildung Seite 68) müssen wir uns einen Anfangspunkt für die Welt vorstellen, an dem nichts anderes als die feurige Vollkommenheit Gottes existiert. Aus irgendeinem Grund, der nur der vollkommenen Vernunft Gottes bekannt ist, beginnt die Schöpfung. Da kondensiert ein Teil des göttlichen Feuers zu einer Flüssigkeit, die den Keim aller zukünftigen Objekte und Veränderungen enthält. Die Flüssigkeit durchläuft anschließend zwei weitere Verwandlungen: Ein Teil verdampft zu Luft und ein Teil verdichtet sich zu Erde. Da auch reines elementares Feuer zurückbleibt, verfügt der sich noch entwickelnde Kosmos nun über all seine grundlegenden materiellen Bestandteile. Ab hier treiben die im Feuer enthaltenen Leitprinzipien den Rest des Entwicklungsprozesses an, der zu der Welt führt, wie wir sie kennen, mit ihrer großartigen Vielfalt an allem, das existiert: Mineralien, die unbeweglich und untätig sind; Pflanzen, die wachsen, sich vermehren und sterben; Tiere, die alle Merkmale der Pflanzen aufweisen und zudem über Sinneswahrnehmungen verfügen und sich bewegen können, und Menschen, die darüber hinaus die Gabe der göttlichen Vernunft besitzen und sich ihrer selbst bewusst sind. So perfekt diese Welt auch sein mag, ist sie doch nicht völlig stabil. Die Kraft des Feuers nimmt mit der Zeit auf geordnete Weise zu, und eines Tages in ferner Zukunft wird sein »Brennstoff«, den es aus den anderen Elementen bezieht, erschöpft sein, und der gesamte

Kosmos wird zu einer Flamme (dem Weltenbrand) und wieder zu seinem Anfangspunkt zurückkehren; und dann beginnt der ganze Prozess von Neuem und wiederholt sich bis in alle Ewigkeit. (Es scheint, dass die Wiederholung der Weltzyklen für den Menschen nur von theoretischem Interesse ist, da sich unser Leben auf einen der Zyklen beschränkt. Es ist klar, dass die Stoiker glaubten, die sich wiederholenden Zyklen seien im Wesentlichen gleich, aber es scheint Uneinigkeit darüber geherrscht zu haben, ob ihre ewige Wiederholung in jedem neuen Zyklus die *exakt* identischen Objekte und Ereignisse beinhaltet.)

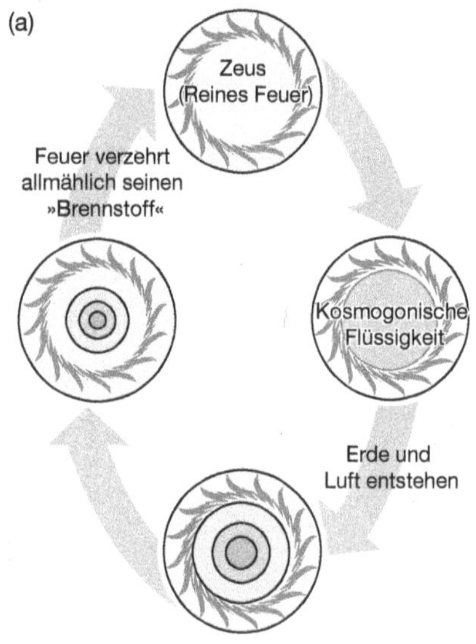

Der kosmische Zyklus.

Dies ist die Quintessenz der stoischen Kosmologie. Bisher haben wir uns darauf konzentriert, in welchem Verhältnis sie zu den wichtigsten Traditionen der griechischen Kosmologie steht, insbesondere zu den Theorien von Aristoteles und Platon. Die stoische Theorie war jedoch nicht statisch, und solange die Schule bestand, gab es dazu zahlreiche Debatten und Entwicklungen. Einige Aspekte der Theorie sind für die Gelehrten bis heute noch unklar, was darauf zurückzuführen ist, dass es nur wenige Belege zu den Details der Theorie gibt und diese wenigen sich manchmal widersprechen. Ein

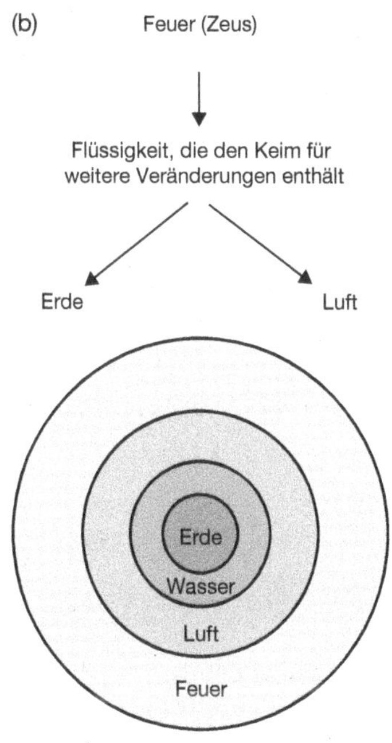

Die vier Arten der Materie ordnen sich in konzentrischen Kreisen an.

Beispiel dafür, dass die Theorie nicht unumstritten war, ist Panaitios (2. Jahrhundert v. Chr.), der die Lehre vom zyklischen Weltenbrand zumindest anzweifelte oder sogar rundweg ablehnte. Vermutlich hatte er Gründe dafür, sich für ein dauerhaft existierendes Universum wie das des Aristoteles zu entscheiden; vielleicht störte ihn, wie wohl jeden anderen auch, dass es keinen nachvollziehbaren Grund gibt, weshalb Gott den Prozess der Kosmogenese zu einem x-beliebigen Zeitpunkt – oder überhaupt – in Gang setzen sollte. Ein Beispiel für die Weiterentwicklung der Theorie findet sich bei

Chrysipp und späteren Stoikern. Sie verwarfen die von Zenon und Kleanthes vertretene Idee, das immanente, die Veränderungen in der Welt steuernde rationale Prinzip sei eine Form von Feuer, und stellten stattdessen die These auf, dass eine Art lebensspendender Atem (*pneuma*, später ins Lateinische als *spiritus* übersetzt) die belebende Kraft im Universum sei. *Pneuma* war das geläufige Wort für Atem, aber die Stoiker machten daraus einen Fachbegriff, den sie in ihrer Theorie der Physik häufig verwendeten. Als einzigartige Zusammensetzung von Feuer und Luft galt *pneuma* als alles durchdringender, materieller Stoff, der die natürliche Welt sowohl als Ganzes als auch in all ihren Teilen lenkt. Aus warmer, beweglicher Luft entsteht also das Leben, sie macht jedes Objekt zu dem, was es ist. Nun sehen wir Feuer für gewöhnlich eher als zerstörerisch denn als lebensspendend an, und so ist es für die Rolle der schöpferischen, ursächlichen Materie wohl weniger geeignet als das *pneuma*. Diese Weiterentwicklung der Theorie lässt jedoch viele Details im Unklaren. In welchem Verhältnis steht das reine Feuer des Weltenbrandes (an das Chrysipp und die meisten seiner Anhänger weiterhin glaubten) zum schöpferischen *pneuma*, das daraus folgt? Und wenn das *pneuma* eine besondere Zusammensetzung aus Feuer und Luft ist, wie kann es dann grundlegend für andere Dinge sein? In welcher Beziehung stehen die Elemente zum *pneuma*? Ihre Entstehung kann wohl kaum durch das *pneuma*, das eine Verbindung aus mehreren von ihnen ist, gesteuert werden.

Die Quellen, die uns zur Verfügung stehen, können diese Fragen nicht gänzlich beantworten, klar ist jedoch, dass die Schule das hier skizzierte Grundschema der stoischen Kosmologie während ihres langen Bestehens beibehalten hat. Die wichtigsten Merkmale der stoischen Physik fügen sich allesamt darin ein. Zu diesen zentralen Lehren gehört die gut durchdachte und systematische

Klassifizierung der verschiedenen Arten von Entitäten, die es auf der Welt gibt, eine Vielfalt, die man gebändigt bekommen musste, um weiterhin die zwingende Einheit des Kosmos betonen zu können, die im Mittelpunkt der Theorie der Stoiker stand. Wie bereits angedeutet, gibt es vier Klassen solcher Entitäten (Dinge, die real existieren, das *Seiende*), die sich durch ihre Fähigkeiten unterscheiden (siehe Abbildung Seite 72). Die einfachsten dieser seienden Dinge sind träge und leblos (zum Beispiel Mineralien), sie besitzen lediglich Grundeigenschaften und die Fähigkeit, sich als ein einheitliches Objekt zusammenzuhalten. Dieses Zusammenhalten und der Besitz von Grundeigenschaften werden als ihre *hexis* bezeichnet (ein Begriff, der von dem griechischen Verb »haben« abgeleitet ist, das auch die Bedeutung von »in einem bestimmten Zustand sein« und sogar von »Kohäsion« – innerer Zusammenhalt – hat). Die nächsthöhere Klasse umfasst Dinge, die wachsen, Nahrung aufnehmen und sich fortpflanzen können. Das beste Beispiel dafür sind Pflanzen. Sie werden durch ihre *phýsis* (oder »Natur«; der griechische Begriff leitet sich von dem Wort »wachsen« ab und wurde ins Lateinische als *natura* übersetzt) zusammengehalten und am Leben erhalten, denn sie sind lebendig, während Mineralien leblos sind.

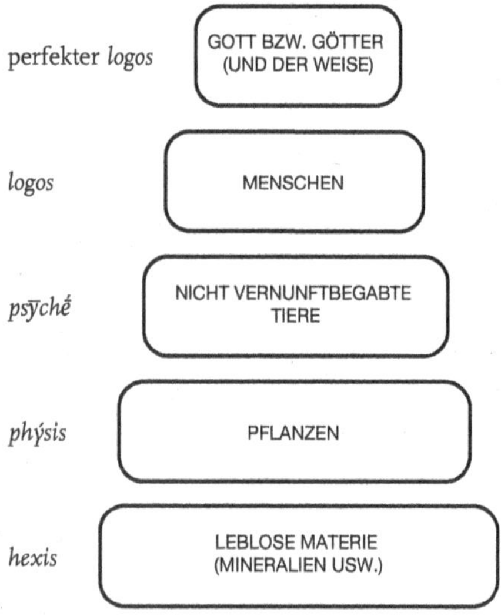

Die »scala naturae«.

Pflanzen bewegen sich nicht von selbst und besitzen keine Sinneswahrnehmung, auch wenn sie in begrenztem Umfang auf ihre Umgebung reagieren. Tiere wiederum sind zur Sinneswahrnehmung fähig und können sich mit eigenen Mitteln fortbewegen. Nicht nur eine Natur macht sie aus – wobei dieser Begriff immer sowohl eine allgemeine als auch eine spezifische Bedeutung hat –, sondern auch eine »Seele« oder *psýchē*. Tiere, die im Gegensatz zu beispielsweise Mineralien und Pflanzen eine Seele besitzen, haben nicht nur die Fähigkeit, Nahrung aufzunehmen und sich fortzupflanzen, sie können auch mit ihren Sinnen wahrnehmen, etwas begehren und sich eigenständig bewegen. Von Lebewesen wie dem Menschen, deren Seele noch höher entwickelt ist, weil sie über Rationalität verfügen, kann man sagen, dass sie aufgrund ihrer Vernunft (*logos*), das heißt ihrer rationalen Seele, sind, was sie sind. Rationale Lebewesen – der erwachsene Mensch ist das geläufigste Beispiel dafür – tun all das, was auch niedere Entitäten tun, aber sie tun es auf rationale Weise. Das bedeutet, dass wir Menschen die Fähigkeit besitzen, kritisch auf unsere Sinneswahrnehmungen zu reagieren, diese zu verarbeiten und zu beeinflussen. Folglich haben wir nicht nur die Fähigkeit, uns in die Welt einzufügen, wie es alle Entitäten tun, sondern darüber hinaus auch zu begreifen, dass wir dies tun, und Anstrengungen zu unternehmen, dieses Einfügen und Anpassen zu verbessern. Mehr dazu später, zum einen in Kapitel 5 über Ethik, zum anderen in Kapitel 6, wenn es um die »Nutzung von Eindrücken« geht.

Die Welt ist eine Einheit, die durch die physikalische Beschaffenheit dieser vier Arten des Seienden zusammengehalten wird. Pro Ebene werden die Dinge durch ein und dieselbe Sache, die jeweilige Form des *pneuma*, zusammengehalten (in ihrem Sein erhalten) und mit ihren Eigenschaften und Fähigkeiten ausgestattet. Die Unterschiede zwischen Gestein, Pflanzen, Tieren und Menschen sind auf Unterschiede in der Form des *pneuma*, das deren Rohmaterial modifiziert, zurückzuführen – genauer gesagt auf Unterschiede in der Spannung (*tonos*) des *pneuma*. Physikalisch ausgedrückt werden die Entitäten durch ihre kohäsive Elastizität des *pneuma* als einer Art zugehörig definiert, welche ihnen gemeinsam ist. Dieses *pneuma* ist zudem das grundlegende aktive Prinzip, das den gesamten Kosmos durchdringt und als Natur bezeichnet wird – in einem globaleren Sinne als das, was die einzelnen Entitäten charakterisiert. Und diese Natur macht die Welt zu etwas Lebendigem, sie ist eine Art »Weltseele«, wie ein Platoniker sagen würde, und diese Seele ist zudem göttlich und damit vernünftig. Die Stoiker können daher den gesamten Kosmos als rationales Lebewesen betrachten, das nach denselben Prinzipien geformt ist wie jede einzelne Entität, die Teil von ihm ist. Der Mensch besitzt ein *pneuma*, dessen Spannung (*tonos*) der des gesamten Kosmos am nächsten kommt und im Prinzip von gleicher Art ist, weshalb wir in der Welt privilegiert sind.

Die gesamte physikalische Theorie beruht auf einem allgegenwärtigen Gegensatz zwischen dem Aktiven (Feuer, Luft oder *pneuma*) und dem Passiven (den übrigen Elementen, also Wasser und Erde). Diese Polarität findet sich in Gestein, Pflanzen, Tieren – wo sie der Gegensatz zwischen Körper und Seele ist –, Menschen und der Welt. Auf der abstraktesten Ebene lässt sich die Welt also als eine Wechselwirkung zwischen einem aktiven und einem passiven Prinzip beschreiben. Diese Prinzipien (*archai*) gibt es nie isoliert voneinander, außer vielleicht im Moment des Weltenbrandes, da zu diesem Zeitpunkt nur aktives Feuer existiert; aber sie bieten einen nützlichen Rahmen für die Analyse von allem, was in der Natur existiert. In diesem Sinne kann man diese Prinzipien als metaphysisch betrachten, nicht weil sie die Natur gänzlich transzendieren, sondern weil sie diese in einer Weise durchdringen, die über die bestimmte Natur jedes einzelnen Objekts hinausgeht. Trotzdem haben die Prinzipien nichts Unkörperliches an sich. (Die Quellen scheinen diesen Punkt unterschiedlich zu sehen, aber meiner Meinung nach löst man die Diskrepanz am besten, indem man sich daran erinnert, dass für die Stoiker alles, das entweder etwas verursacht oder von etwas verursacht wird, körperlich sein muss.) Um etwas bewirken oder von etwas beeinflusst werden zu können, ist es zwingend notwendig, dass die beteiligten Dinge körperlich sind, wie wir in Kapitel 3 gesehen haben. Die Riesen aus Platons *Der Sophist* lassen grüßen.

Ein weiteres herausragendes »metaphysisches« Merkmal der stoischen Physik ist ihre Lehre von den »Kategorien« – ein irreführender Begriff, der aus der aristotelischen Tradition entlehnt wurde, aber inzwischen zu fest etabliert ist, um ihn abzustreifen. Die Stoiker selbst scheinen diese »Kategorien« als *Arten des Seienden* (*genê tôn ontôn*) bezeichnet zu haben, wobei der Umstand, dass es sich um *Seiendes* handelt, anzeigt, dass auch sie körperlich sein müssen. Es ist hilfreich, sich diese Arten als Merkmale oder Aspekte gewöhnlicher Entitäten vorzustellen. Die erste dieser Arten ist das Substrat oder die Materie der Dinge (*hypokeimenon, hylē*). Die Materie an sich besitzt keine bestimmten Eigenschaften; sie ist nur das Rohmaterial, aus dem alles besteht – es ist allerdings nicht so, dass man eine solche völlig eigenschaftslose Materie (*apoios hylē*) eigenständig existierend vorfinden würde, es handelt sich vielmehr um ein Merkmal, das bei einer Analyse isoliert betrachtet werden kann. Die zweite »Kategorie« ist die besondere Qualität (Beschaffenheit, definiert durch die besonderen Eigenschaften), die jedes Stückchen Materie zu dem macht, was es ist (eine eigentümliche Qualität oder *idiōs poion*). In diesen beiden »Kategorien« kommen der passive und der aktive Aspekt eines jeden bestimmten Dings zum Ausdruck: ein Stück Rohmaterial und das aktive, prägende Element, das es zusammenhält und zu dem macht, was es ist. (Die Stoiker kannten auch »gemeinsame Qualitäten«, also gemeinsame Merkmale von Dingen, die derselben Art oder demselben Typus angehören – Sokrates hat eine besondere, eigentümliche Qualität, die ihn zu Sokrates macht, aber die Qualitäten, die er mit anderen Menschen teilt, sind »gemeinsame Qualitäten«, eine Teilmenge der Merkmale, die ihm als Person eigen sind.) Die dritte »Kategorie« setzt das Vorhandensein eines solchen bestimmten Dings voraus und bezieht sich auf den Zustand (*pôs echon*), in dem es sich befindet. Ein Mensch (beispielsweise Sokrates) ist die besondere Qualität eines Stücks Materie, in diesem Fall seine Seele im Gegensatz zu seinem Körper, der seine Materie ist. Hinzu kommen die verschiedenen Veranlagungen und Zustände, die Sokrates hat, ob sie nun von Dauer sind wie »Weisheit« oder nur kurzfristig vorhanden sind wie »Sonnenbrand«. Die letzte »Kategorie« ist nicht so sehr eine Eigenschaft eines solchen Objekts an sich, sondern gibt an, in welcher Beziehung es zu anderen Dingen in der organisierten Welt steht, also seine »Relation« (*pros ti pôs echon*). Wenn sich Sokrates *neben* Kebes befindet oder *kleiner als* Simmias ist oder *der Ehemann von* Xanthippe, sind dies alles Relationen.

Es mag seltsam erscheinen, diese als Arten des Seienden zu bezeichnen, wenn es trotz des Vorhandenseins aller vier in Wirklichkeit nur eine Entität gibt (in diesem Fall Sokrates). Er besitzt einen materiellen, passiven Aspekt und eine Seele, die ihn zu ihm selbst macht, obwohl er natürlich auch über zusätzliche Eigenschaften oder Zustände verfügt, die ebenfalls zu ihm gehören, ohne aber eine zusätzliche Entität zu erzeugen – und Relationen, die dies erst recht nicht tun. Es ist also am besten, sich diese »Kategorien« als eine Auswahl von Aspekten der physischen Welt vorzustellen, die sich zur Analyse und Beschreibung nutzen lassen; in diesem Sinne mögen sie metaphysisch oder sogar »logisch« erscheinen (da sie Möglichkeiten aufzeigen, wie wir über Dinge, die es auf dieser Welt gibt, sprechen können, was wir ja auch tun). Diese »Kategorien« oder Arten des Seienden schwächen jedoch definitiv nicht die Einheit und Integration der Welt und aller in ihr existierenden Dinge. Wenn, was sehr wahrscheinlich zuzutreffen scheint, die eigentümliche Qualität, die etwas zu dem macht, was es ist, ein Anteil *pneuma* mit einer bestimmten Spannung ist, dann unterstützt die Allgegenwart und Koordination des gesamten *pneuma* auf der Welt den inneren Zusammenhalt und die Einheit des Kosmos, welche die Stoiker in ihrem physikalischen System postulierten.

Einen Beleg für die Einheit des Kosmos sahen die Stoiker zudem in ihrer Theorie der Kausalität. Wie die Riesen in Platons *Der Sophist* nahmen auch sie an, dass nur Materie auf etwas anderes einwirken und von etwas anderem beeinflusst werden kann. Daher ist jede Ursache letztlich eine Interaktion zwischen Körpern. Und da es, wie die meisten Philosophen der Antike übereinstimmend annahmen, keine Ereignisse oder Entitäten ohne Ursache geben kann, muss es, wenn die allgegenwärtige rationale Kraft des göttlichen *pneuma* die Dinge zu dem macht, was sie sind und was sie tun, eine einzige koordinierte Kausalkette von Ursachen und Wirkungen geben; diese muss auf der gesamten Welt vorherrschen und alle Ereignisse strukturieren, so wie es auch ein einziges koordiniertes aktives Prinzip gibt, das Natur, Gott oder Zeus genannt wird. Das bedeutet auch, dass alle Ereignisse und Objekte auf ganzheitliche Weise miteinander verbunden sind (eine universelle Verknüpftheit, die sie *sympatheia* nannten). Einige kausale Zusammenhänge, die sie als Teil dieser kosmischen *sympatheia* ausmachten, sehen wir noch immer als gültig an (wie den von Poseidonios festgestellten Einfluss des Mondes auf die Gezeiten), andere werden heute als unwissenschaftlich betrachtet (zum Beispiel der in der Astrologie angenommene Einfluss der Himmelskörper auf das menschliche Leben): Das ist wissenschaftlicher Fortschritt! Die von der stoischen Physik anerkannte koordinierte Kausalkette ist zudem eine rationale Konstruktion, und zwar nicht nur in dem Sinne, dass man sie zur Analyse und zum besseren Verständnis heranziehen kann. Die Stoiker behaupteten auch, dass diese rationale Kausalkette, oder Schicksal, wie sie es nannten, Teil eines zielgerichteten Plans ist; sie sind also Deterministen (vielleicht die frühesten Deterministen der westlichen Tradition), die an die Vorherbestimmtheit aller Ereignisse glaubten.

Der Determinismus in seiner stoischen Form ist eine herausfordernde und umstrittene Doktrin. Es ist eine Sache zu behaupten, dass jedem Ereignis eine Ursache vorausgehen muss; aber es ist noch einmal etwas anderes, dieser Behauptung den stoischen Zusatz beizufügen, dass alles, was in der Welt geschieht, auch Teil einer *koordinierten* Kausalkette von Ursachen, Wirkungen, Ereignissen und Objekten ist und diese Kausalkette Ausdruck eines Gesamtplans, der auf das bestmögliche Ergebnis abzielt. Es gibt viele philosophische Einwände gegen diese Form des Determinismus, von denen zwei besonders herausstechen. Wenn alles durch etwas verursacht wird, wie sieht das dann bei menschlichen Handlungen aus? Sind meine Handlungen, Entscheidungen und selbst meine Gedanken (die für Materialisten wie die Stoiker auch materielle Ereignisse sind) im Vorhinein durch »Zeus' Willen« vorherbestimmt? Bedeutet dies, dass ich etwa keine freien Entscheidungen treffen kann und eine Art Marionette bin? Das ist der eine Einwand. Der andere betrifft all die schlechten Dinge, die auf der Welt passieren. Wenn die allgegenwärtige Kausalkette von Ursachen und Wirkungen Ausdruck einer Vorherbestimmung ist, eines Planes, der Gutes hervorbringen soll, wie kommt es dann, dass es so viel Schlechtes auf der Welt gibt? Denn für jeden vernunftbegabten Beobachter sieht es so aus, als gäbe es da draußen eine ganze Menge Schlechtes: nicht nur Seuchen, Armut, Krieg und so weiter, sondern auch schlechte Menschen, bösartige Charaktereigenschaften und das Scheitern guter Absichten. Wenn es einen göttlichen Plan gibt, der die Ursache für alles ist, das es gibt und das passiert, warum ist dann nicht alles perfekt oder zumindest deutlich besser, als es uns erscheint? (Wie wir zu Beginn dieses Buches gesehen haben, war diese Frage für Mark Aurel von besonderem Interesse, aber alle

Stoiker mussten sich auf die eine oder andere Weise damit auseinandersetzen.)

Auf den ersten Einwand hatten die Stoiker eine überzeugende philosophische Antwort. Spätestens mit Chrysipp brachten sie eine Ansicht ins Spiel, die heute als »Kompatibilismus« bezeichnet wird und nach der eine vollständige kausale Vorherbestimmung mit von Menschen gefällten sinnvollen Entscheidungen vereinbar ist. Unsere Handlungen, so meinten die Stoiker, sind das Ergebnis von zwei Faktoren, nämlich von Reizen aus unserer Umwelt – für gewöhnlich als »Eindrücke« bezeichnet – und von Reaktionen, die durch den Zustand unseres Geistes, unseres Charakters, bestimmt werden. Eine positive Reaktion, die Zustimmung, führt zu einer Handlung, aber diese Zustimmung kann auch verweigert werden. Ein Test für die kausale Vorherbestimmung ist die hypothetische Frage: Wenn dieselbe Situation noch einmal eintritt, wird es dann dasselbe Ergebnis geben? Die Stoiker waren der Meinung, dass die Antwort Ja lautet. In Anbetracht meines Charakters und der mir zur Verfügung stehenden Möglichkeiten ist die Wahl, die ich treffe, vorherbestimmt und im Prinzip vorhersehbar. Aber sie führen auch an, dass meine Handlungskompetenz nicht bedroht ist, weil der Schlüsselfaktor hier *mein* Charakter ist; was *ich* entscheide – und zwar aufgrund meiner Persönlichkeit, meiner Veranlagung, meiner Kenntnis der relevanten Fakten und so weiter –, macht letztlich den Unterschied zwischen dem einen und einem anderen Ergebnis aus. Jeder andere, der mit der gleichen Situation konfrontiert ist, wird anders reagieren, je nachdem, wer er ist und was er weiß. Auf diese Weise sind meine Handlungen zwar kausal vorherbestimmt, aber dennoch ganz und gar meine eigenen; die persönliche Handlungskompetenz bleibt erhalten. Die Stoiker veranschaulichten ihre Theorie mit der Analogie von zwei Objekten, einer Walze und einem Kreisel, die einen Hügel hinuntergestoßen werden (wie in dem folgenden Kasten und auf der Abbildung Seite 81 gezeigt). Der äußere Reiz beziehungsweise Impuls, also der Stoß, unterliegt nicht der Kontrolle der Objekte, aber die Art und Weise, wie sie reagieren – geradeaus rollen oder taumeln –, wird durch die ihnen eigenen einzigartigen Formen bestimmt, das heißt dadurch, was sie zum Zeitpunkt des Impulses sind.

Cicero: *Über das Schicksal*

Denn obgleich eine Zustimmung nicht erfolgen kann, solange sie nicht durch einen Eindruck angestoßen wird, so kann sie doch, da dieser Eindruck für sie eine Sekundärursache und nicht eine Primärursache ist, auf die Art und Weise erklärt werden, von der ich eben im Sinne Chrysipps sprach. Es ist zwar nicht so, dass die Zustimmung zustande kommen könnte, wenn sie nicht durch irgendeine Kraft von außen angeregt würde (denn es ist notwendig, dass eine Zustimmung durch einen Eindruck angestoßen wird), aber er kommt wieder auf seine Walze und seinen Kreisel zurück, Dinge, die sich nicht bewegen, wenn sie nicht angestoßen werden. Wenn dies aber einmal geschehen ist, so meint er, dass es ab da in ihrer jeweiligen Natur liegt, dass die Walze rollt und der Kreisel sich dreht. Er sagt:

> So wie derjenige, der die Walze angestoßen hat, ihr den Bewegungsanfang gab, aber nicht die Tendenz zu rollen, so wird auch ein Eindruck, der sich uns darbietet, gewiss eine Wirkung haben und dem Geist gleichsam seinen Stempel

aufdrücken, aber die Zustimmung zu ihm wird in unserer Macht liegen; und die Zustimmung wird sich, wie bereits im Falle der Walze gesagt, nachdem sie von außen angestoßen wurde, von da an gemäß ihres eigenen Wesens und ihrer eigenen Natur bewegen. Wenn aber irgendetwas ohne eine vorhergehende Ursache geschehen würde, dann wäre es falsch, dass alles durch das Schicksal geschieht. (42–43)

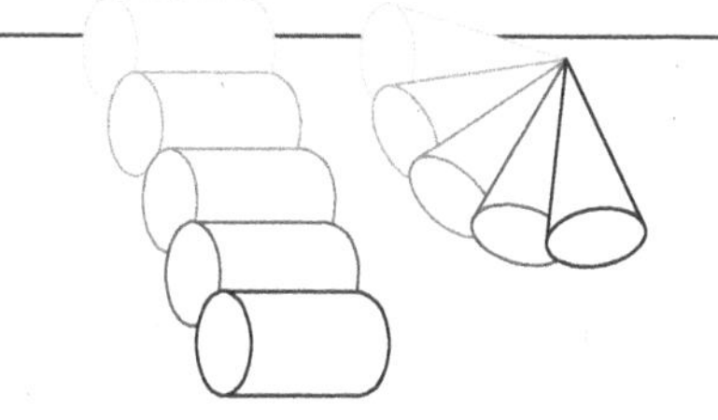

»... es liegt in ihrer Natur, dass die Walze rollt und der Kreisel sich dreht.« (Cicero, *Über das Schicksal* 42)

Man könnte sich jedoch fragen, ob durch diesen Kompatibilismus tatsächlich die Freiheit des Menschen gewahrt bleibt. Zwar mag es eine Handlungskompetenz geben, aber es scheint sich um eine eher unfreie Art zu handeln, die diesen Namen kaum verdient. Daraufhin würde ein Stoiker seinen Kritiker fragen, was *er* denn unter Freiheit verstehe. Meint er damit einen radikalen Indeterminismus, sodass wir in der Lage wären, uns zu jeder Zeit, ungeachtet der Umstände, zu jeder erdenklichen Handlung zu entschließen, unabhängig von unserer Persönlichkeit, unserem Charakter, unserem Wissensstand oder unseren vorherigen Neigungen und Verpflichtungen? Halten wir es tatsächlich für erstrebenswert, die Möglichkeit zu besitzen, willkürlich und ohne Beweggrund oder Verbindung zu unserem vergangenen und gegenwärtigen Charakter zu handeln – sodass eine zufällige Gemütsregung, wie das von den Epikureern erwähnte *clinamen*, zu unserer Entscheidung führt? Wenn dem so ist, dann werden die Stoiker – die der Meinung sind, dass es deutlich besser ist, begründet und nicht aufs Geratewohl zu handeln – diese Art von Freiheit freudig ablehnen. Was aber, so könnte man sie fragen, wäre denn, wenn wir vor der Wahl stünden, wie wir handeln sollten, und gelähmt wären, weil wir wüssten, dass das Ergebnis bereits feststeht? Auf diese Frage liefern die Stoiker eine differenzierte Antwort. Wir wissen, dass das Ergebnis in gewisser Weise feststeht – die Stoiker sind schließlich Deterministen. Aber im Gegensatz zu Zeus wissen wir Menschen nicht – und können auch gar nicht wissen –, wie in einem jeden einzelnen Fall der Ausgang aussehen wird. Wir besitzen kein vollständiges und tiefgreifendes Wissen über unseren Charakter und unsere Neigungen; wir verfügen nur über ein teilweises Verständnis der Umstände, die für die Entscheidung, vor der wir stehen, relevant sind. Als rationale Akteure müssen wir also immer noch, so gut es uns möglich ist, darüber nachdenken, was zu tun das Richtige ist. Dass ein idealer und perfekt informierter Beobachter (wie beispielsweise ein Gedanken lesender Zeus?) in der Lage sein könnte, meine Entscheidung vorherzusagen, ändert nichts an der Tatsache, dass es sich um eine Entscheidung handelt, die *ich* treffe – und ebenso wichtig ist, dass es eine Entscheidung ist, für die ich vernünftigerweise zur Rechenschaft gezogen werden kann. Meine Handlungen sind Ausdruck dessen, wer ich bin und wie ich denke, also sind gute Entscheidungen mein Verdienst und schlechte Entscheidungen meine Schuld.

Aber Moment – die Kritiker des Kompatibilismus haben noch einen weiteren Einwand. Für unseren Charakter sind wir doch nicht voll und ganz selbst verantwortlich, oder? Was wir sind, verdanken wir unserer körperlichen Veranlagung, unserer Erziehung in der Kindheit, unserem sozialen Status, den Entscheidungen, die wir getroffen haben, bevor wir genug Rationalität besaßen, um als moralisch Handelnde ernst genommen werden zu können, und vielen anderen Faktoren, auf die wir keinen Einfluss haben. Wenn also dieser Charakter, der meiner ist, eine gute oder schlechte Entscheidung trifft, habe nicht *ich* das Verdienst daran beziehungsweise trage die Schuld, sondern all die Einflüsse und Ursachen, die meinen Charakter so haben werden lassen, wie er ist. Die Kausalkette aus vom Schicksal vorherbestimmten Ereignissen führt nicht nur die äußeren Umstände herbei, unter denen ich zu handeln habe, sondern verleiht mir auch meinen Charakter. Wie kann es da fair sein, dass *mich* Lob oder Tadel treffen und nicht meine körperliche Konstitution, meine Eltern, meine Schule, meine Nachbarschaft und so weiter? Die Stoiker haben darauf eine, wie ich finde, klare und sachliche Antwort. Wer oder was bin ich, abgesehen von meinem Charakter und meiner Persönlichkeit? Es gibt kein eigenständiges inneres »Ich«, das sich dem Einfluss meines Charakters entgegenstellen könnte. Stattdessen bin ich mein Charakter, und somit ist das, was mein Charakter tut, mir zuzuschreiben. Niemand ist die alleinige Ursache seines Charakters; wir alle sind Produkte unserer Vergangenheit und unserer Umgebung. Es gibt in dieser Frage also tatsächlich gar kein Problem, antwortet der Stoiker. Jeder von uns ist einfach das, was er ist, ganz gleich, wie wir dazu geworden sind. Wenn unser Charakter schwach oder schlecht ist, könnten wir durchaus glauben, dass die Welt ungerecht ist. Aber wie wir noch sehen werden, hat die stoische Lehre in Bezug auf die menschliche

Natur auch eine zutiefst optimistische Seite: Egal, wie unser Charakter jetzt sein mag, ein vernunftbegabter Mensch zu sein bedeutet, dass wir in unserem Charakter auch die Fähigkeit zur Verbesserung haben. Wenn wir einen Weg finden, diese Fähigkeit zu nutzen und immer wieder die richtigen Entscheidungen zu treffen, dann werden wir zu besseren Menschen, aber selbst in diesem Szenario gibt es keine Handlungen ohne eine ihnen vorausgehende Ursache. In Verbindung mit äußeren Einflüssen und Ursachen können wir uns selbst verbessern und auf diese Weise am größeren Plan zur Erzeugung des Guten im Kosmos mitwirken. Natürlich ist in der Tat vorherbestimmt, wer diese Anstrengung unternimmt und ob sie von Erfolg gekrönt sein wird, aber wir selbst wissen nicht und können auch gar nicht wissen, wer im Einzelnen es tatsächlich versuchen wird und ob er Erfolg haben wird. Wenn wir so etwas wüssten, könnten wir uns durchaus wie gelähmt fühlen, ganz zu schweigen von deprimiert. Aber angesichts der Grenzen des menschlichen Wissens über diese Einzelheiten handeln wir einfach weiter auf typisch menschliche Weise, das heißt unter Einbeziehung unserer Vernunft, aber mit begrenzten Informationen.

Davon waren die Stoiker absolut überzeugt, aber es ist sehr wahrscheinlich, dass zumindest ein stoischer Denker, nämlich Kaiser Mark Aurel, mit dieser Position nicht ganz einverstanden war – und wer könnte es ihm verdenken? Hier und da schreibt Mark Aurel in seinem philosophischen Tagebuch so, als gäbe es tatsächlich ein inneres Selbst, das sich von dem Charakter unterscheidet, der durch die schicksalhafte Kausalkette bestimmt wird. Wenn das seine Ansicht ist (die folgenden Textausschnitte legen dies nahe), dann müssen wir einräumen, dass er sich von den Lehren seiner stoischen Vorgänger auf radikalere Weise gelöst hat, als mitunter angenommen wird. Vielleicht lässt sich seine immerwährende Anziehungskraft auf die Leser zum Teil dadurch erklären, dass er schon so früh eine solch modern anmutende Auffassung des Selbst, das frei von der schicksalhaften Kausalkette ist, vertreten hat. Wie dem auch sei, die stoische Darstellung ist es offenbar schuldig geblieben, eine zufriedenstellende Erklärung der Verantwortlichkeit zu liefern – ein Konzept, das ein »Selbst« zu implizieren scheint, das von der Kausalkette physischer und sozialer Ursachen losgelöst ist.

Mark Aurel: *Selbstbetrachtungen*

Was auch immer ich sein mag, es ist doch nur Fleisch, ein schwacher Atem [*pneumation*] und mein »leitender Teil« [*hêgemonikon*; gemeint ist die leitende Vernunft] ... Als ob du schon sterben würdest, verachte dieses Fleisch. Es ist nichts als Blut und Knochen und ein Geflecht aus Sehnen, Venen und Arterien. Denke auch daran, was dein Atem eigentlich ist: nur Wind, und nicht einmal derselbe im Laufe der Zeit; in jedem Augenblick wird er ausgestoßen und dann wieder eingesogen. Das Dritte [die Vernunft] ist also das, worauf es ankommt. (2.2)

Körper, Seele, Geist: Dem Körper gehören die Sinneseindrücke an, der Seele die Triebe und dem Geist das Urteilsvermögen ... (3.16)

Du bestehst aus drei Teilen: Körper, Atem und Geist. Die ersten beiden gehören dir insofern, als du für sie sorgen musst, aber nur der dritte gehört dir im eigentlichen Sinne. Wenn du also von deinem Selbst, das heißt von deinem Geist, alles fernhältst, was andere Menschen tun oder sagen oder was auch immer du selbst getan oder gesagt hast, dazu all

> die Vorahnungen, die dich beunruhigen, und alle belanglosen und von dir nicht beeinflussbaren Aspekte, die den Körper, der dich umhüllt, oder den dir angeborenen Atem angehen, und all die Wirbel der dich umgebenden Außenwelt, die einem Strudel gleich alles umwälzt – sodass dein intellektuelles Vermögen in einem reinen Zustand leben kann, frei von den Verkettungen des Schicksals, ungehindert und unabhängig, gerechte Taten vollbringend, das wollend, was tatsächlich geschieht, und die Wahrheit sprechend. Wenn du, wie gesagt, von dieser gebietenden Vernunft alles fernhältst, was durch leidenschaftliche Erlebnisse und durch Dinge, die in der Zukunft oder in der Vergangenheit liegen, an sie angehängt wurde, und wenn du dich, mit den Worten des Empedokles, zu »einer wohlgerundeten Kugel [machst], die sich ihrer abgeschiedenen Kreisbahn erfreut«, und wenn du dich darin übst, nur in der Zeit zu leben, in der du wirklich lebst, das heißt in der Gegenwart, dann wirst du in der Lage sein, die Zeit, die dir bis zu deinem Tod bleibt, ruhig und edel zu leben, im Reinen mit deinem eigenen göttlichen Geist [*daímōn*]. (12.3)

Es gibt jedoch noch einen weiteren Einwand gegen die stoische Theorie. Wenn die Welt, in der alles vorherbestimmt ist, Teil eines großen Plans ist, der das Gute hervorbringen soll, warum gibt es dann so viel Schlechtes auf der Welt? Die Stoiker haben dazu eine frühe Version vom immerwährenden »Problem des Bösen« ins Spiel gebracht, das religiöse Denker noch jahrhundertelang beschäftigen und verwirren sollte. Aber sie haben dieses Problem nicht als Erste vorgebracht.

Das Verdienst dafür gebührt Platon oder besser gesagt seiner Figur »Timaios« in dem nach ihm benannten Dialog. In seiner

»wahrscheinlichen Geschichte« (so beschreibt Timaios sie) über den Ursprung und die Beschaffenheit des Kosmos lässt Timaios die Dinge von einem Gott erschaffen, der wie ein Handwerker agiert und dabei stets bestrebt ist, so viel Gutes wie möglich hervorzubringen. Die Mängel und Schwächen der Welt, die uns dazu veranlassen könnten, uns über den Ursprung des Bösen Gedanken zu machen, können nicht Gott angelastet werden. Schließlich ist dieser handwerkende Gott nicht allmächtig. Wie jeder andere Handwerker muss auch Gott aus den ihm zur Verfügung stehenden Materialien das bestmögliche Produkt herstellen. Störrisches Ausgangsmaterial bedeutet, dass es auch beim buchstäblich besten Willen zu schlechten Ergebnissen kommen muss. Das bedeutet nicht, dass die Welt nicht so gut ist, wie sie nur sein kann – die beste aller möglichen Welten. Es bedeutet nur, dass die bestmögliche Welt vielleicht nicht gut genug für Kritiker ist, die Perfektion erwarten. Für einen Platoniker kann es in der physischen Welt jedoch keine Perfektion geben.

Das Problem des Bösen ist für die Stoiker eine härtere Nuss. Auch wenn ihre Kosmologie und ihre physikalische Theorie zu großen Teilen von Platon und insbesondere von dessen Werk *Timaios* beeinflusst waren, waren die Stoiker doch Riesen, also Materialisten. Gott selbst, mag er auch ein rationaler Handwerker sein, ist – in ihren Augen – materiell. In der Tat ist in der stoischen Kosmologie die feurige Substanz Gottes der einzige Ausgangspunkt und das einzige Rohmaterial für die gesamte Welt. Erde, Luft, Feuer und Wasser – alles, woraus dieser Kosmos besteht – haben ihren Ursprung in Gottes reinem Feuer (das sich selbst in andere Elemente umwandeln kann, wie weiter vorn in diesem Kapitel beschrieben); und das gilt auch für das *pneuma*, aus dem die menschlichen Seelen bestehen. Wenn es also Mängel auf der Welt gibt, wo sonst können sie ihren Ursprung haben, wenn nicht in Gott? Und ist Gott selbst denn nicht perfekt und will nur Gutes hervorbringen? Hieran lässt sich schnell erkennen, wie bedrohlich nahe der Stoizismus der christlichen Version des Problems des Bösen schon kommt, ein Problem, das vom religiösen Glauben beherrscht wird, dass Gott allmächtig ist – und damit vermutlich für alles verantwortlich, was in der Welt geschieht, auch für das Schlechte.

Was haben die Stoiker selbst dazu zu sagen? Leider gehören ihre Antworten hierauf nicht zum Besten, das sie hervorgebracht haben. Manchmal scheinen sie sich Platons Lösung zu bedienen, indem sie den stoischen Gott als einen behandeln, der durch das Rohmaterial, mit dem er arbeiten muss, eingeschränkt ist – als wäre er nicht auch zugleich der Ursprung dieses Rohmaterials. Und manchmal behaupten sie sogar, Gott wolle ein wenig Schlechtigkeit in der Welt, um ein Gleichgewicht und einen Kontrast zu schaffen und so eine Art Harmonie der Gegensätze zu erzeugen, die in mancher höherer Hinsicht gut ist (der folgende Kasten zeigt eine Passage aus Kleanthes' *Hymne an Zeus*). Einige Stoiker, wie Seneca (siehe Seite 89), meinen sogar, dass das Vorhandensein von Schlechtem hilfreich ist, da es den Menschen die Möglichkeit gibt, Tugenden zu entwickeln und auf diese Weise mehr Gutes zu schaffen. Eine etwas verschlagene Art, das Problem des Bösen anzugehen, wird deutlich, wenn die Stoiker das Gute und das Schlechte (wofür sie denselben Begriff nutzen, den wir manchmal mit »das Böse« oder »das Übel« übersetzen) auf ihre eigene, ausgesprochen eng gefasste Weise definieren. Wenn das einzig wirklich Gute die Tugend und das einzig wirklich Schlechte das Laster ist, dann trifft Gott vielleicht gar keine Schuld, weil wir ja zumindest teilweise für die Entwicklung unseres Charakters verantwortlich sind.

Kleanthes: *Hymne an Zeus*

Ohne dich, Gott, geschieht nichts auf Erden,
weder im göttlichen Himmelsreich noch in den Fluten des Meeres,
außer dem, was böse Menschen aus Torheit tun.
Aber du weißt, wie man das Krumme zum Geraden richtet,
und das Unordentliche ordnet; du schenkst auch dem Unliebsamen Liebe.
Denn so hast du alles zu Einem verschmolzen, das Gute mit dem Bösen,
sodass es ein ewiges Vernunftprinzip für alle Dinge gibt.
Weil sie vor diesem Prinzip fliehen und sich ihm entziehen,
sind alle Sterblichen, die schlecht sind, unglücklich,
und obwohl sie nach dem Guten streben,
sind ihre Augen und Ohren doch für Gottes universelles Gesetz verschlossen,
wenn sie es aber mit Vernunft befolgten, würden sie ein glückliches Leben führen. (11–27)

Seneca: *Über die Vorsehung*

Lucilius, du hast mich gefragt, wie es kommt, dass, wenn die Welt von der Vorsehung gelenkt wird, guten Menschen viel Unheil widerfährt ... (1.1)

Einem guten Menschen *kann* nichts Schlimmes passieren. Gegensätze vermischen sich nicht. So wie all die Flüsse, all der Regen, der von oben fällt, all die verschmutzten Quellen den Geschmack des Meeres nicht verändern können, ihn nicht einmal abschwächen können, so verändert auch das Eintreten widriger Umstände nicht den Geist eines tapferen Mannes. Er bleibt unerschütterlich und verwendet alles, was auf ihn zukommt, zu seinem Vorteil. Denn er ist stärker als alle äußeren Umstände. Ich sage nicht, dass er die Widrigkeiten nicht spürt, aber er überwindet sie, und obwohl er sonst ruhig und gelassen ist, erhebt er sich, wenn er sich einem Angriff ausgesetzt sieht ... (2.1–2)

Gott liebt die guten Menschen sehr und will, dass sie so gut und so hervorragend wie möglich sind; wundert es dich dann, dass er ihnen Unglück schickt, um sich zu üben? Ich bin sicher nicht überrascht, dass die Götter manchmal sehen wollen, wie große Männer mit dem Unglück ringen ... (2.7)

Im weiteren Verlauf meiner Ausführungen werde ich zeigen, dass scheinbar schlechte Dinge in Wahrheit gar nicht schlecht sind. Für den Moment werde ich nur sagen, dass das, was du als hart, widrig oder bedauerlich bezeichnest, erstens zum Vorteil derjenigen ist, die es trifft, und zweitens zum Vorteil der Menschen im Allgemeinen (um die sich die Götter mehr kümmern als um die Einzelnen), und dass diese Dinge den Menschen widerfahren, die sie annehmen, und wenn sie das nicht tun, dann verdienen sie den schlechten Ausgang. Ich möchte noch hinzufügen, dass diese Dinge durch das Schicksal geschehen und die guten Menschen nach demselben Gesetz treffen, nach dem sie gut sind. Außerdem will ich dich überzeugen, dass du niemals Mitleid mit einem guten Menschen haben sollst; man mag ihn zwar für unglücklich halten, aber er kann es nicht sein ... (3.1)

Unter all den erbaulichen Äußerungen unseres Demetrius ist eine, die ich vor Kurzem gehört habe und die mir immer noch in den Ohren klingt und nachhallt: Niemand ist wohl unglücklicher als ein Mensch, der keine Widrigkeiten erlebt hat. Denn er hat nie die Gelegenheit gehabt, sich selbst zu prüfen ... (3.3)

Das Glück trifft die Menge und die geringeren Geister. Aber es ist das Kennzeichen eines großen Mannes, das, was die sterblichen Menschen als Übel ansehen und fürchten, zu bezwingen. In der Tat ist es so, dass immer Glück zu haben und ohne seelischen Kummer durchs Leben zu gehen bedeutet, die andere Hälfte der Natur nicht zu kennen. (4.1)

Aber warum war Gott bei der Verteilung des Schicksals so ungerecht, dass er guten Menschen Armut, Krankheit und vorzeitigen Tod auferlegt hat? Der Handwerker kann sein Rohmaterial nicht ändern. Die Natur hat das nicht zugelassen. Manche Dinge kann man nicht voneinander trennen, sie hängen zusammen, sie sind untrennbar. Träge Charaktere, Menschen, die ständig einnicken oder deren Wachsein nicht besser ist als Schlaf, sind aus trägen Elementen zusammengesetzt. Um einen Mann zu erschaffen, den man ernsthaft einen Mann nennen kann, braucht man ein härteres Schicksal. Er wird keinen ebenen Weg haben; bei ihm muss es bergauf und bergab gehen; er muss sturmgepeitscht sein und sein Schiff durch die Turbulenzen steuern. Er muss im Angesicht des Schicksals seinen Kurs halten. Er wird mit vielem konfrontiert, das hart und rau ist, aber er wird es besänftigen und glätten. Feuer erprobt das Gold, Elend erprobt den tapferen Mann. (5.9)

Letztlich wird eine solche Antwort die Kritiker jedoch nicht zufriedenstellen, und das sollte sie auch nicht. Wenn Gott das einzige Vernunftprinzip im Universum ist, kann man ihm die Ursache des Problems in die Schuhe schieben. Es hilft nicht, zu sagen, dass (zum Beispiel) Krankheiten und Katastrophen streng genommen nichts Schlechtes sind, sodass es kein Problem ist, wenn die Welt voller solcher bedauerlicher Umstände ist, und hinzuzufügen, dass das eigentliche Problem daher unsere menschliche Reaktion auf solche Begebenheiten ist. Ein guter Gott mit dem Monopol auf die kosmische Kausalkette, wie Zeus es besitzt, hätte das sicherlich besser hinbekommen können! Ohne die Ausrede, wie der Demiurg in Platons *Timaios* (der göttliche Handwerker, der die Welt erschafft) nur über begrenzte Macht zu verfügen und sich der *ultimativen* Widerspenstigkeit der Materie gegenüberzusehen, scheint die Kritik am stoischen Gott nicht so einfach aus dem Weg zu räumen zu sein.

Wir haben das Prinzip von Ursache und Wirkung, was immer von Materie ausgeht beziehungsweise diese betrifft, und einige der philosophischen Herausforderungen erörtert, denen sich die Stoiker aufgrund ihres Bekenntnisses zu Materialismus und Determinismus gegenübersehen. Aber die stoische Welt ist nicht auf materielle Entitäten beschränkt. Wie bereits erwähnt, enthält die Welt neben kausal bedeutsamen Körpern auch unkörperliche Entitäten, die daher keinen kausalen Einfluss ausüben oder von Ursachen beeinflusst werden können. Diese unkörperlichen Entitäten ermöglichen es den Stoikern jedoch, absolut nachvollziehbar darzustellen, wie die Welt funktioniert. Das »Sagbare«, das heißt intelligible, durch den Intellekt und nicht durch sinnliche Wahrnehmung erfassbare Inhalte, die verschiedene physische Zustände wie Sinneseindrücke begleiten, verursacht nichts, ebenso wenig wie Ort, leerer Raum und Zeit. Die Stoiker waren jedoch der Meinung, dass sie ohne Ort und Zeit nicht in der Lage wären, die Bewegungen und Veränderungen von Körpern zu erklären. Wir müssen in der Lage sein, zu sagen, dass Körper B jetzt dort ist, wo vorher Körper A war, oder umgekehrt. Der Ort, an dem sich zuerst A und dann B befand, muss einen gewissen Bestand haben, sonst könnte man solche Veränderungen nicht beschreiben. Das gilt auch für die Zeit, zu der sich etwas ereignet. Die theoretische Nützlichkeit von Ort und Zeit geht über solch einfache Beispiele hinaus, aber selbst diese zeigen schon, dass die Stoiker zu Recht der Meinung waren, das Unkörperliche verdiene einen Platz in ihrem physikalischen System, auch wenn weder sie noch wir glauben würden, dass Leere, Ort und Zeit echte Ursachen sind.

Und was ist mit der Leere, die nichts anderes ist als ein Ort, an dem sich nichts befindet? Dazu müssen wir uns einen weiteren Unterschied zwischen der stoischen Kosmologie und der des Aristoteles in Erinnerung rufen. Außerhalb des Kosmos, so glaubte Aristoteles, existiert nichts. Selbst der unbewegte Beweger befindet sich nicht an einem Ort; er ist – natürlich – nicht materiell. Aber der stoische Kosmos ist von Leere umgeben. Warum, so könnte man sich fragen, fügen die sonst so sparsamen Stoiker ihrer metaphysischen Theorie so etwas hinzu? Um die Antwort darauf zu finden, müssen wir an ihre Theorie des alles umfassenden Weltenbrandes zurückdenken. Wenn irgendwann in der Zukunft der gesamte Kosmos in Flammen aufgehen wird, dann wird er, wie auch alles andere, das erhitzt wird und in Flammen aufgeht, mehr Raum einnehmen – er wird sich ausdehnen. Es muss also einen leeren Raum außerhalb des Kosmos geben, der dieser Ausdehnung Platz bieten kann – und das scheint tatsächlich der einzige Grund zu sein, weshalb die Stoiker eine Leere postulierten, denn sicherlich hätte keiner von ihnen der Annahme zugestimmt, dass es innerhalb des Kosmos eine Leere geben könnte.

Sie glaubten genau wie Aristoteles auch, dass Körper sich bewegen, indem sie alle gleichzeitig die Plätze wechseln, und nicht, indem sie zuvor leere Orte besetzen, wie es die Atomisten glaubten. Die Stoiker nahmen also zwar an, dass es eine Leere gibt, sie ist aber nur eine winzige Fußnote in ihrer physikalischen Theorie.

Die sagbaren Dinge sind wieder etwas anderes. Auf sie werden wir noch zurückkommen, wenn wir uns einige Merkmale der stoischen Logik genauer betrachten. An dieser Stelle betrifft deren wichtigster Punkt jedoch die stoische Theorie zur menschlichen Psychologie und Kommunikation. Demnach sind Wahrnehmen, Denken und Kommunizieren allesamt Teil von kausalen Bezügen, an denen der menschliche Geist – die rationale Seele – beteiligt ist. Als materielles Objekt kann die Seele auf anderes einwirken und es kann auf sie eingewirkt werden. Wenn wir wahrnehmen, denken oder sprechen, sind wir uns eines Inhalts bewusst, wie heutige Philosophen sagen würden. Für die Stoiker haben zu intelligiblem Inhalt nur vernunftbegabte Tiere Zugang; der Begriff für »sagbar«, *lekton*, ist etymologisch mit dem Wort *logos* – Vernunft, auch auf das Verstehen angelegte Rede oder Sprache – verknüpft. Wahrnehmungen und geistige Aktivitäten, die bei Nichttieren ein Verhalten hervorrufen, tun dies auf einer rein kausalen Ebene, ohne Zugang zu intelligiblen Inhalten; erwachsene Menschen besitzen dahingegen ein Bewusstsein für geistige Inhalte, die alle derartigen physischen Prozesse im Geist begleiten oder die den Geist beeinflussen. Genau dieser Zugang zu den Inhalten macht uns zu rationalen Wesen und versetzt uns nach Auffassung der Stoiker in die Lage, aus einer Eigeninitiative heraus flexibel zu reagieren, wozu andere Lebewesen nicht in der Lage sind (wie im folgenden Kasten dargelegt). Es ist nicht so, dass die Inhalte, zu denen wir Zugang haben, irgendetwas verursachen, aber wie bei Ort, Zeit und Leere handelt es sich auch bei ihnen um nichtphysische Realitäten, ohne die, so glaubten sie, ihre Theorie die auftretenden Ursachen und Wirkungen nicht erklären könnte. Unser Geist, glaubten die Stoiker, agiert und interagiert mit der Welt aufgrund körperlicher Verursachung, aber ohne das Sagbare könnten wir keine angemessene Erklärung für das abgeben, was das menschliche Denken und Handeln so offensichtlich auszeichnet.

Epiktet: *Unterredungen*

Du wirst unter unseren Fähigkeiten keine andere finden, die sich selbst reflektiert, und somit auch keine, die sich selbst bei genauerer Betrachtung entweder gutheißt oder missbilligt. Inwieweit verfügt die Schreibkunst über die Fähigkeit zur Selbstreflexion? In dem Maße, in dem sie Unterscheidungen zwischen Schriften treffen kann. Die Musik? In dem Maße, in dem sie zwischen den Melodien unterscheiden kann. Reflektiert sich eine dieser Künste selbst? Nein, keineswegs. Aber wenn du deinem Freund schreibst, dann wird dir die Schreibkunst sagen, wie du es schreiben musst. Aber ob du deinem Freund schreiben sollst oder nicht, sagt dir die Schreibkunst nicht. Genauso verhält es sich mit Melodien und Musik. Ob du jetzt singen und die Kithara spielen solltest oder nicht, sagt dir die Musik nicht. Wer wird es dir dann sagen? Eine Fähigkeit, die sowohl sich selbst als auch alles andere reflektiert. Und welche Fähigkeit ist das? Das Denkvermögen. Denn dies ist die einzige Fähigkeit, die wir bekommen haben, die sich selbst begreifen kann (was sie ist und was sie kann und welchen Wert sie für uns hat) und auch all unsere anderen Fähigkeiten. Denn wer sonst sagt uns, dass Gold schön ist? Das Gold selbst sagt es uns nicht. Offensichtlich ist es die Fähigkeit, Eindrücke zu nutzen. Wer sonst beurteilt die Musik, die Schreibkunst und all die anderen Fähigkeiten, wer billigt, wie sie gebraucht werden, und gibt den richtigen Zeitpunkt für ihre Verwendung an? Nichts anderes als das Denkvermögen.

Die Götter haben uns also, richtigerweise, nur die Macht über die mächtigste und dominanteste aller Fähigkeiten verliehen, nämlich die richtige Nutzung von Vorstellungen und Eindrücken. Alles andere haben sie nicht in unsere Macht gegeben. Ist das so, weil sie es nicht wollten? Ich bin der Meinung, dass sie es uns anvertraut hätten, wenn sie dazu in der Lage gewesen wären. Aber sie konnten es einfach nicht. Denn da wir an die Erde gebunden sind, an einen Körper, wie wir ihn nun mal haben, und an solche Gefährten, wie unsere nun mal sind, wie wäre es da möglich, nicht durch äußere Dinge behindert zu werden? (1.1.1–9)

KAPITEL 5

ETHIK

Unabhängig davon, ob die Ethik für die antiken Stoiker den Höhepunkt ihrer Philosophie darstellte oder nicht, ist sie von allem, was von ihnen überliefert wurde, heutzutage am bekanntesten und einflussreichsten. In groben Zügen lässt sich ihre Theorie der Ethik, die sich bei den meisten antiken Philosophen im Großen und Ganzen um das gute Leben für den Menschen drehte, in die Familie der Theorien einordnen, die mit Sokrates und seinen Anhängern in Verbindung gebracht werden. Zu dieser Tradition gehören auch Platon und die meisten Platoniker, Xenophon, die Kyniker, Aristoteles und die späteren Aristoteliker, die alle die Auffassung teilen, dass die Tugend, die Vortrefflichkeit des Menschen, den höchsten Wert darstellt und – wie wir sagen würden – selbst schon Lohn genug ist. Sie steht im Gegensatz zu einer Tradition, die auf einige Sophisten im 5. Jahrhundert v. Chr. zurückgeht und die Tugenden im

Wesentlichen aufgrund ihrer Fähigkeit bewertet, uns zu helfen, andere gute Dinge zu erlangen, wie Vergnügen, Reichtum, soziale Anerkennung und persönliche Sicherheit. Diese instrumentalistische Tugendtheorie wurde im Hellenismus und in späteren Zeiten am besten von den Epikureern vertreten, die in diesem Bereich die konsequenteste Gegenposition zu den Stoikern verfochten. Die ganz eigene Position der Stoiker wird deutlicher, wenn wir an die Herausforderung denken, vor die Sokrates zu Beginn des zweiten Buches von Platons *Der Staat* gestellt wird. Ist die Gerechtigkeit von hohem Wert und erstrebenswert (a) wegen des extrinsischen Nutzens, den sie erzeugt, (b) wegen des intrinsischen Nutzens, den sie erzeugt, oder (c) wegen beidem? Ein Epikureer wählt Option (a); Platon, Aristoteles und die meisten anderen antiken Theoretiker wählen (c); Stoiker wählen (b). Nicht nur, dass Tugend an sich schon Lohn genug ist, sondern alle zusätzlichen Vorteile, die sie hervorbringen könnte, sind nicht annähernd so wertvoll und können kein Grund dafür sein, die Tugend zu erwählen. Die meisten Stoiker würden sogar sagen, dass es die Tugend herabwürdigen oder besudeln würde, wenn man sie auch nur teilweise aus diesem Grund erwählen würde. Die Stoiker sind nicht die Einzigen, die diese extreme und sogar kontraintuitive Position vertreten – die Kyniker, eine lose definierte Gruppe, schließen sich ihnen darin an und treiben es gelegentlich sogar noch weiter mit den Paradoxien; aber der Stoizismus ist die Schule, welche die am besten ausgearbeitete und glaubwürdigste Version dieser Position liefert.

Wie bereits angesprochen, ist es schwierig, einen Bereich der stoischen Philosophie von den anderen zu trennen. Die Ethik konzentriert sich darauf, welche Lebensweise für rationale Tiere die beste ist, und ist daher eng mit der Logik verwoben, die im weitesten Sinne die Lehre vom *logos* ist, der Eigenschaft, die den Menschen rational macht. Außerdem ist sie ganz bestimmt nicht von der Physik zu trennen, der Lehre von der einheitlichen und rational geordneten natürlichen Welt und ihrer Steuerung. Die rationale Kraft, welche die Welt durchdringt, ist providenziell in dem Sinne, dass sie das Gute hervorbringen will, wo immer sie kann. Als vernunftbegabte Tiere sind die Menschen ein Teil dieses Systems, und die Stoiker beschrieben sie in verschiedenen Zusammenhängen als *Teil des Ganzen,* für die es entweder unangemessen oder unmöglich ist, sich dem System zu widersetzen, dem sie selbst angehören, oder als *Kinder des Zeus,* die durch kindliche Pietät verpflichtet sind, der Führung des Zeus, des Vaters der Götter und der Menschen, zu folgen – die Stoiker übernahmen gern homerische Begriffe für ihre eigenen Zwecke. Wie auch immer diese Beziehung beschrieben wird, sie geht mit der weiteren und wesentlichen Behauptung einher, dass die Natur den Menschen mit bestimmten grundlegenden Eigenschaften und Fähigkeiten ausstattet. Zu diesen Elementen der menschlichen Natur gehören angeborene Neigungen. Wir sind darauf programmiert, diesen Neigungen nachzugehen, wir *müssen* ihnen sogar nachgehen und sie vervollkommnen, wenn wir jemals wahrhaft erfolgreiche Versionen unserer selbst sein wollen – das heißt unser Ziel, die Glückseligkeit, erreichen wollen. Zu diesen Neigungen gehören ein starker Hang zur Tugend und zum Guten (das einzig wirklich Vorteilhafte), eine natürliche Verbundenheit mit anderen Menschen (unsere grundlegende soziale Natur) und unsere Vorliebe für Vernunft und Wahrheit (siehe unten: eine Passage von Epiktets *Unterredungen,* in der er betont, dass der Mensch solche Ziele von Natur aus und daher notwendigerweise verfolgt).

Epiktet: *Unterredungen*

Was ist die Ursache, dass wir einer Sache zustimmen? Der Eindruck, dass sie ist. Denn es ist nicht möglich, etwas zuzustimmen, das den Eindruck erweckt, dass es nicht ist. Warum? Weil es in der Natur des Verstandes liegt, dem Wahren zuzustimmen, das Falsche abzulehnen und das Urteil über das Unklare auszusetzen. »Weshalb sollten wir das glauben?« Wenn du kannst, habe die Vorstellung, dass es jetzt Nacht sei. »Unmöglich.« Wende dich gegen die Vorstellung, dass es Tag sei. »Unmöglich.« Habe oder habe nicht die Vorstellung, dass die Anzahl der Sterne gerade sei. »Unmöglich.« Wenn also jemand etwas Falschem zustimmt, sei dir gewiss, dass er nicht etwas Falschem zustimmen wollte. Denn jede Seele wird wider Willen der Wahrheit beraubt, wie Platon sagt. Vielmehr glaubte sie, das Falsche sei wahr.

Nun, was haben wir denn im Bereich der Handlungen, das dem Wahren und dem Falschen hier ähnlich ist? Das Angemessene und das Unangemessene, das Nützliche und das Schädliche, das, was mir zukommt, und das, was mir nicht zukommt, und solche Dinge. »Kann also jemand glauben, dass etwas für ihn nützlich ist, und es dennoch nicht wählen?« Nein, das kann er nicht. »Was ist mit der Frau [gemeint ist Medea], die sagt: ›Ich weiß, welche Art von Übel ich begehen werde, aber mein Zorn ist stärker als meine Überlegungen‹?« Denn sie glaubt, dass ihrem Zorn nachzugeben und sich an ihrem Mann zu rächen vorteilhafter ist als die Rettung ihrer Kinder. »Ja, aber da irrt sie sich.« Zeige ihr deutlich, dass sie im Unrecht ist, dann wird sie es nicht tun. Aber bis du es ihr zeigst, wem kann sie folgen außer dem, was ihr der Fall zu sein scheint? Nichts. (1.28.1–8)

Die Behauptung, dass die Natur den Menschen nach diesen Prinzipien und mit diesen angeborenen Neigungen geschaffen hat, kann man auf zwei Arten interpretieren. Wenn wir uns die Natur oder Zeus ganz konkret und persönlich als einen handwerkenden Gott vorstellen, dann sind wir regelrecht seine Geschöpfe, und es klingt ein bisschen nach der Beziehung zwischen den Menschen und dem Schöpfergott des jüdisch-christlichen Glaubens, dessen Gaben wir gut zu nutzen versuchen. Wenn wir uns die Natur jedoch eher unpersönlich als den rationalen und geordneten Plan und das Muster vorstellen, das eine Welt der physischen Ursachen und Wirkungen lenkt, dann werden wir diese Attribute nicht als Geschenke eines Gottes an seine Geschöpfe betrachten, sondern unsere angeborene soziale und rationale Natur als Gegebenheiten, die unser Leben und die Bedingungen für menschliche Erfüllung bestimmen. Einige Stoiker (Kleanthes, Epiktet und Mark Aurel) neigten zu einer eher persönlichen und »theologischen« Betrachtungsweise, während andere (Chrysipp und Poseidonios) eine eher sachliche, »wissenschaftliche« Haltung einzunehmen schienen. Es handelt sich jedoch lediglich um Unterschiede in Betonung und Ausdruck, da die gesamte Schule die natürliche Welt als geordnet und regelgeleitet sowie als von göttlicher Absicht durchdrungen betrachtet.

Selbst bei der weniger personalisierten Betrachtungsweise wird die menschliche Natur teleologisch definiert, was ihren eingebauten Zweck oder ihre Funktion anbelangt, und diese Funktion ist für die stoische Ethik grundlegend. Ebenso grundlegend ist die Überzeugung, dass die menschliche Natur ein vollständig integrierter Bestandteil der gesamten Natur ist, und zwar nicht einfach irgendein Teil der Natur, sondern ein privilegierter Teil. Die menschliche Rationalität ist demnach von der gleichen Art wie die Rationalität, welche die Welt verwaltet. Diese Gleichartigkeit ist die Grundlage unserer Fähigkeit, die Welt zu *verstehen*, wenn sie sich in Übereinstimmung mit dem rationalen Plan entfaltet, und auch der Grund, warum es in unserer Natur liegt, uns in diesen Plan *einzuordnen*. Die Vorstellung, dass die menschliche Natur dadurch erfüllt wird, dass wir der Natur »folgen« oder im Einklang mit ihr leben – das ist die gebräuchlichste stoische Formulierung für das Ziel menschlichen Lebens –, ergibt sich aus dieser Sichtweise der Stellung des Menschen im Kosmos.

Platon und Aristoteles würden dem in weiten Teilen zustimmen. Aristoteles war bekanntlich bestrebt, das Ziel des menschlichen Lebens, sein *telos*, mit der natürlichen Funktion der menschlichen Spezies zu verbinden, und er glaubte zweifellos, dass unsere Natur als rationale und soziale (ja, politische) Tiere für menschliche Tugend und Glückseligkeit grundlegend ist. Aus Platons Dialogen eine einheitliche Sichtweise zu diesen Fragen zu gewinnen ist schwieriger, aber als spätere Platoniker die Vorstellung aufgriffen, dass das Ziel des menschlichen Lebens darin besteht, wie Gott zu werden (*homoiôsis theôi*), kamen sie dem schon sehr nahe. Tatsächlich verdankt die eher theologische Seite des Stoizismus der platonischen Inspiration eine Menge; Stoiker und Platoniker – und sogar Aristoteles, wenn auch etwas zurückhaltender – betrachteten die menschliche Vernunft als gottähnliche Eigenschaft und für sie bestand die persönliche Verbesserung des Menschen darin, Gott immer ähnlicher zu werden. Stoiker und Aristoteliker vermieden jedoch eher die an Verachtung grenzende Geringschätzung der körperlichen und physischen Seite des Lebens, die für einige Platoniker charakteristisch war.

Als Teil des kosmischen Systems strebt der Mensch nach dem Guten, und das Gute für den Menschen ist seine charakterliche Vortrefflichkeit. Der griechische Begriff, den wir üblicherweise mit »Tugend« übersetzen, lautet *aretê*, der ursprünglich einfach

»Vortrefflichkeit« bedeutete; er beinhaltete keine irgendwie geartete Bedeutung von »Moral«, wie es beim Begriff »Tugend« oder »Tugendhaftigkeit« für uns häufig der Fall ist. Die antike griechische Ethik hat also einen etwas anderen Schwerpunkt als die Ethik heutzutage. Während wir die Frage »Warum sollte ich tugendhaft sein?« aufwerfen mögen, ergäbe diese Frage im teleologischen System der antiken Ethik keinen Sinn. Bei den Stoikern der Antike würde diese Frage »Warum sollte ich vortrefflich sein?« lauten, aber sie würde müßig erscheinen. (Platon untersuchte zwar, warum jemand den Wunsch haben sollte, *gerecht* zu sein, aber sobald klar ist, dass Gerechtigkeit tatsächlich eine Vortrefflichkeit ist und keine törichte Naivität, wie einige Sophisten meinten, ist die Debatte schnell beendet.) Ein aktives Mitglied der eigenen natürlichen Art zu sein bedeutet einfach, so gut wie möglich im Einklang mit der eigenen wahren Natur zu leben. Die Stoiker der Antike würden also eher fragen, was Tugend ist und was sie beinhaltet. Die entsprechende Frage würde also »Was ist Tugend?« oder »Was sind die Tugenden?« lauten. Die Behauptung, dass zum Beispiel Gerechtigkeit eine Tugend ist, ist gleichbedeutend mit der Behauptung, dass es für die Vortrefflichkeit eines Menschen erforderlich ist, gerecht zu sein, und von höchster Priorität, herauszufinden, was Gerechtigkeit von uns erfordert. Wenn das aber erst einmal feststeht, wäre es sinnlos, zu fragen, ob man gerecht sein *will* – natürlich will man das; es gehört dazu, es macht einen Menschen mit aus. Das heißt, dass wir, um die Tugenden und ihre Anforderungen verstehen zu können, zunächst die menschliche Natur verstehen müssen, denn nur so erfahren wir, wie wir als Menschen vortrefflich sein können.

Die Stoiker stimmten mit Platon (zumindest in *Der Staat*) darin überein, dass es vier Grundtugenden gibt: Gerechtigkeit, Tapferkeit,

Weisheit und Mäßigung oder Selbstbeherrschung (*sôphrosunê*). Wie diese Grundtugenden in der menschlichen Natur verwurzelt sind, ist ziemlich klar; besonders hilfreich ist es, sich dazu die Art und Weise anzusehen, in der Panaitios sie mit unserer Natur in Verbindung bringt (in Ciceros erstem Buch von *Über die Pflichten* geschildert wie folgt).

Cicero: *Über die Pflichten*

Zunächst hat die Natur allen tierischen Geschöpfen den Trieb eingepflanzt, sich, ihr Leben und ihren Körper zu schützen, Dinge zu vermeiden, die ihnen Schaden zufügen könnten, und die lebensnotwendigen Dinge (wie Nahrung, Unterkunft und so weiter) zu suchen und sich zu verschaffen. Alle Tiere teilen außerdem den Wunsch nach Geschlechtsverkehr zum Zwecke der Fortpflanzung und ein gewisses Maß an Fürsorge für ihre Nachkommen. Der größte Unterschied zwischen Menschen und Tieren besteht darin, dass Letztere, insofern, dass sie nur von sinnlichen Eindrücken bewegt werden, lediglich auf das reagieren, was in der Gegenwart vorhanden ist, und sich kaum der Vergangenheit oder Zukunft bewusst sind. Der Mensch hingegen besitzt Vernunft, die ihn befähigt, die Folgen abzusehen, und so kann er die Ursachen der Dinge erkennen, er ist sich ihrer Voraussetzungen und Vorbedingungen bewusst, er kann Ähnlichkeiten miteinander vergleichen und Zukünftiges an Gegenwärtiges anreihen, er erfasst mit Leichtigkeit die gesamte Spanne des Lebens und bereitet das vor, was zum Führen dieses Lebens notwendig ist. Dieselbe Natur verbindet durch die Kraft der Vernunft einen Menschen mit dem anderen, sodass sie in Geselligkeit sowohl Sprache als auch Leben teilen. Vor allem erzeugt die Natur im Menschen eine außergewöhnliche Liebe zu seinen Nachkommen und treibt ihn dazu, dass er Begegnungen und Zusammenkünfte unter den Menschen wünscht und an ihnen teilnimmt; deshalb ist der Mensch bestrebt, alles für die Bedürfnisse und die Bequemlichkeit Nötige herbeizuschaffen, und zwar nicht nur für sich selbst, sondern auch für seine Frau und Kinder und andere, die ihm lieb und teuer sind und für die er zu sorgen hat. Diese Sorge weckt auch seinen Geist und beflügelt seine Tatkraft. [Dies ist die Grundlage für die Tugend der Gerechtigkeit.]

Insbesondere ist für den Menschen charakteristisch, Wahrheit zu suchen und zu erforschen. [Hier geht es um die Tugend der Weisheit.] Wenn wir also frei von zwingenden Pflichten und Sorgen sind, sind wir begierig, etwas zu sehen, zu hören und zu lernen, und wir glauben, dass das Wissen um geheimnisvolle oder wundersame Dinge für ein glückseliges Leben unerlässlich ist. Daraus kann man schließen, dass alles, was wahr, einfach und rein ist, der menschlichen Natur am angemessensten ist. Mit diesem Trieb, die Wahrheit zu erkennen, ist ein gewisses Streben nach Herrschaft verbunden: Kein von der Natur wohl geformter Geist ist bereit, sich jemandem unterzuordnen, außer einem Lehrer oder Ausbilder oder dem, der ihm zu seinem eigenen Vorteil nach Recht und Gesetz Befehle erteilt. Hieraus entspringen Seelengröße und die Fähigkeit, die gleichgültigen Dinge des menschlichen Lebens geringzuschätzen. [Einige Stoiker und Platon nennen diese Tugend nicht Seelengröße, sondern Tapferkeit beziehungsweise Mut.] Und es ist kein unbedeutender Einfluss seitens der Natur und der Vernunft, dass der Mensch das einzige lebendige Geschöpf ist, das versteht, was Ordnung ist, was schicklich ist und welches Maß das richtige beim Handeln und Reden ist. Kein anderes Tier erkennt also in den Dingen, die durch das Sehen wahrgenommen werden, deren Schönheit, Reiz und Ebenmaß. Die Natur und die Vernunft übertragen eine Vorstellung davon von den Augen auf den Verstand, in der Überzeugung, dass Schönheit, Gleichmäßigkeit und Ordnung in den Gedanken und Handlungen bewahrt werden sollen, und sie wollen, dass wir nichts tun, was unschicklich oder unmännlich ist, und dass die Leidenschaft weder unsere Gedanken noch unsere Taten bestimmt. [Dies ist die Tugend der Selbstbeherrschung oder Mäßigung.]

Dies sind die Komponenten, die das sittlich Gute bilden, nach dem wir streben. Und selbst wenn es nicht öffentlich anerkannt wird, ist es dennoch ehrenwert und, wie wir mit Recht behaupten, auch wenn es niemand lobt, ist es doch von Natur aus lobenswert. Hier siehst du, mein Sohn Marcus, die eigentliche Gestalt und gleichsam das Antlitz des sittlich Guten. Könnte man es mit den Augen sehen, so würde es, wie Platon sagt, eine erstaunliche Liebe zur Weisheit erwecken. Aber alles, was sittlich gut ist, entspringt einer dieser vier Quellen. Denn entweder liegt es in der Erkenntnis der Wahrheit und in der Intelligenz, oder in der Erhaltung der menschlichen Gesellschaft und in dem Streben, jedem das ihm Zustehende zuzuteilen und eingegangene Verträge zu achten, oder in der Größe und Stärke eines erhabenen und unbesiegten Geistes, oder in der Ordnung und dem richtigen Maß dessen, was getan und gesagt wird (was die Mäßigung und die Selbstbeherrschung beinhaltet). Obwohl diese vier Tugenden miteinander verbunden und verflochten sind, ergeben sich doch aus jeder von ihnen unterschiedliche

Arten von Pflichten; zum Beispiel erwächst aus dem ersten beschriebenen Teil, wo wir Weisheit und Klugheit verortet haben, die Pflicht, Wahrheit zu erforschen und zu entdecken, und dies ist die charakteristische Aufgabe dieser Tugend. (1.11–15)

Allgemeiner gesprochen ist jedoch einfach unsere Natur als rationale und soziale Tiere der Schlüsselfaktor bei der Bestimmung dessen, was die Tugenden sind und was sie von uns verlangen. Da wir vernunftbegabt sind, sollten alle unsere Handlungen – wenn sie so gut wie möglich sein sollen – von vollkommener Vernunft geprägt sein; und vollkommene Vernunft ist die Vortrefflichkeit (beziehungsweise Tugend), welche die Stoiker als »Weisheit« bezeichneten. Und da wir von Natur aus sozial sind, sollte alles, was wir tun, von Gerechtigkeit durchdrungen sein (obwohl wir natürlich auch unsere Weisheit einsetzen müssen, um die Anforderungen, welche die Gerechtigkeit an uns stellt, richtig verstehen zu können). Tapferkeit und Selbstbeherrschung sind erforderlich, um tugendhaft zu sein; jede schwierige Handlung, einschließlich des Eintretens für unsere Mitmenschen oder für unser Land im Einklang mit der Gerechtigkeit, erfordert, dass wir auch im Angesicht von Gefahren und Hindernissen weitermachen, statt zurückzuweichen; und das ist Tapferkeit. Jede soziale Handlung, die andere Menschen betrifft, erfordert, dass wir das richtige Maß zwischen unseren Interessen und denen der anderen einhalten, was nur möglich ist, wenn wir unseren Wünschen und Ambitionen angemessene Grenzen setzen können; dies ist die Tugend der Mäßigung oder Selbstbeherrschung. Aus stoischer Sicht erfordern all diese Tugenden das Wissen darüber, was gut und was schlecht ist. Tapferkeit zum Beispiel wäre keine Tugend, wenn sie darin bestünde, stur an der irrigen Meinung festzuhalten, es wäre angemessen, im Kampf für ein grausames und undemokratisches Regime zu sterben. Selbstbeherrschung könnte nicht tugendhaft sein, wenn ich nicht verstünde, wo die *angemessenen* Grenzen meines Verlangens nach Essen, Trinken und sexueller Befriedigung liegen. Alle Tugenden zusammen bilden also eine Art Einheit – auch wenn unter den Stoikern unterschiedliche Meinungen darüber existiert haben mögen, wie stark ausgeprägt diese Einheit ist, da sie alle zumindest teilweise darin bestehen, zu verstehen, was gut und was schlecht ist, und in der Lage zu sein, dieses Verständnis auf die besonderen Situationen im Leben anzuwenden. (Der folgende Kasten veranschaulicht dies anhand einiger Passagen von Epiktet.) Mit diesen vier Tugenden sind die stoischen Ansichten zu diesem Thema nicht erschöpft, nicht zuletzt deshalb, weil sie erkannten, dass jede von ihnen in spezifischere Tugenden unterteilt werden kann, je nach den Umständen, unter denen wir zum Handeln aufgerufen sind. Großzügigkeit ist zum Beispiel eine Form der Gerechtigkeit, und sie ist die Tugend, die anzuwenden ist, wenn wir uns in Situationen befinden, in denen wir sozial privilegiert sind.

Epiktet: ***Unterredungen***

Allgemeine Vorstellungen sind allen Menschen gemeinsam. Und eine allgemeine Vorstellung steht nicht im Widerspruch zu einer anderen. Denn wer von uns wäre nicht der Meinung, dass das Gute vorteilhaft und zu wählen ist und dass man es unter allen Umständen anstreben und verfolgen sollte? Und wer von uns wäre nicht der Meinung, dass die Gerechtigkeit ehrenhaft und gut ist? Wann also entsteht Widerspruch dagegen? Er entsteht dann, wenn allgemeine Vorstellungen auf besondere Fälle angewandt werden, wenn zum Beispiel der eine sagt: »Er hat gut gehandelt, er ist ein tapferer Mann.« Und der andere sagt: »Nein, er ist wahnsinnig.« Das ist die Ursache des Streits unter den Menschen. Das ist die Natur des Streits zwischen Juden, Syrern, Ägyptern und Römern; es geht nicht darum, ob man die Frömmigkeit über alles ehren und jederzeit verfolgen muss, sondern darum, ob das Essen dieses Stück Schweinefleischs der Frömmigkeit entspricht oder nicht. Du wirst feststellen, dass dies auch die Ursache des Streits zwischen Agamemnon und Achill war. Rufe sie herbei.

Agamemnon, was meinst du, sollte nicht das geschehen, was recht und ehrenwert ist? »Natürlich.« Und was sagst du, Achill? Freut es dich nicht, wenn das geschieht, was recht und ehrenwert ist? »Das freut mich am allermeisten.« Nun wende die allgemeinen Vorstellungen auf den besonderen Fall an. Da beginnt der Streit. Der eine sagt: »Ich muss Chryseis nicht an ihren Vater zurückgeben.« Und der andere sagt: »Doch, das musst du.« Gewiss wendet hier einer der beiden die allgemeine Vorstellung, was nötig ist, falsch an. Da spricht der eine wieder: »Wenn ich Chryseis also zurückgeben muss, muss ich auch einem von euch einen Preis wegnehmen.« Und der andere sagt: »Willst du mir etwa die Frau nehmen, die ich liebe?« Und der andere sagt: »Ja, genau.« »Soll ich dann der Einzige sein, der ...?« »Soll ich etwa der Einzige sein, der keinen Preis gewonnen hat?« So kommt ein Streit in Gang.

Was bedeutet es also, gebildet zu sein? Es geht darum, zu lernen, die von Natur aus vorhandenen allgemeinen

Vorstellungen auf die bestimmten Fälle in einer Weise anzuwenden, die im Einklang mit der Natur steht ... (1.22.1–9)

Der Anfang der Philosophie ist – zumindest bei denjenigen, die sich ihr so nähern, wie es sich gehört, nämlich durch die Eingangstür – das Bewusstsein der eigenen Schwäche und Unfähigkeit, wenn es um die Notwendigkeiten geht. Wir kommen nicht mit einer angeborenen Vorstellung von einem rechtwinkligen Dreieck auf die Welt, oder von einem Halbtonintervall, sondern wir lernen jedes Einzelne davon erst durch einen entsprechenden Unterricht kennen; deshalb glauben diejenigen, die solche Dinge nicht kennen, auch nicht, sie würden etwas davon verstehen. Aber wer ist nicht mit einer angeborenen Vorstellung von gut und böse, ehrenhaft und schändlich, angemessen und unangemessen, Glück [und Unglück], von dem, was uns zukommt und was uns obliegt, und von dem, was man zu tun und was man zu lassen hat, auf die Welt gekommen? Deshalb verwenden wir alle diese Begriffe und versuchen, unsere allgemeinen Vorstellungen auf konkrete Situationen anzuwenden. Er hat richtig gehandelt, angemessen, nicht angemessen; er hat Pech gehabt, er hat Glück gehabt; er ist ungerecht, er ist gerecht. Wer von uns spart an solchen Wörtern? Wer von uns zögert es hinaus, sie zu verwenden, bis er ihre Bedeutung gelernt hat, so wie diejenigen, die keine Ahnung von Linien und Tönen haben, auch die entsprechenden Begriffe nicht verwenden? Der Grund dafür ist, dass wir gleich mit gewissen Vorstellungen in diesem Bereich auf die Welt kommen, die uns die Natur gelehrt hat, und ausgehend von diesen Vorstellungen haben wir unsere eigenen Meinungen dazugegeben. »Bei Zeus, weiß ich denn nicht von Natur aus, was ehrenhaft und was schändlich ist? Habe ich keine Vorstellung davon?« Doch, die hast du. »Und wende ich sie nicht auf besondere Gegebenheiten an?« Doch, das tust du. »Und wende ich sie etwa nicht gut an?« Das ist eben die Frage, und hier kommen die Meinungen ins Spiel. Denn die Menschen gehen von diesen allgemein anerkannten Punkten aus, doch wegen unangemessener Anwendung kommen sie auf ein Ergebnis, das strittig ist. Wenn sie zusätzlich zu diesen Ausgangspunkten auch die Fähigkeit besäßen, diese allgemeinen Vorstellungen richtig auf konkrete Fälle anzuwenden, was würde sie dann daran hindern, vollkommen zu sein? Aber jetzt, da du meinst, dass du die allgemeinen Vorstellungen richtig auf die Einzelfälle anwendest, sag mir, woher du diese Gewissheit nimmst? »Weil ich glaube, dass es so richtig ist.« Aber genau das glaubt jemand anderes nicht, und er glaubt wiederum, dass er die allgemeinen Vorstellungen richtig anwendet. Oder glaubt er das nicht? »Doch, das tut er.« Könnt ihr denn beide die allgemeinen Vorstellungen richtig anwenden, wenn ihr gegensätzliche Ansichten vertretet? »Nein, das können wir nicht.« Kannst du denn eine höhere Instanz anführen als deine eigene Meinung, die deine Behauptung stützt, dass du die allgemeinen Vorstellungen besser anwendest als er? Tut etwa ein Wahnsinniger etwas anderes als das, was er für gut hält? Und ist dieses Kriterium in seinem Falle ausreichend? »Nein, das ist es nicht.« Wende dich also der Instanz zu, die höher ist als eine bloße Meinung. »Und welche ist das?« Sieh her! Hier beginnt die Philosophie ... (2.11.1–13)

Es würde zu weit führen, die stark unterteilten Kategorien der Tugenden zu erforschen – tatsächlich hielten es nicht einmal alle

Stoiker für lohnend, sich tiefergehend mit dieser Art von Klassifizierung zu befassen. Betrachten wir stattdessen einen anderen, sehr wichtigen Ansatz, was die Tugenden und das bestmögliche menschliche Leben betrifft, der in der menschlichen Natur verwurzelt ist. Aus dieser Sicht besteht ein rationales menschliches Leben aus einer Abfolge von Handlungsentscheidungen; solange wir handeln, müssen wir entscheiden, was wir tun sollen, und seit Zenon ist damit gemeint, zu bestimmen, was als das Angemessene (*kathêkon* – der Begriff stammt von Zenon) zu tun ist. Dabei handelt es sich um eine in hohem Maße intellektuelle Aufgabe, die ein solides Verständnis der menschlichen Natur, sowohl der allgemeinen menschlichen Natur als auch unserer eigenen persönlichen Eigenschaften, unseres Platzes in der Gesellschaft und im Universum sowie eine klare Einsicht in die relevanten unmittelbaren Umstände erfordert. Cicero, der sich wiederum auf das Werk von Panaitios stützt, veranschaulicht in *Über die Pflichten* einen wichtigen Aspekt dieser Art des Denkens (wie folgt).

Cicero: *Über die Pflichten*

Wir sollten wissen, dass wir Menschen von der Natur gleichsam zwei Rollen erhalten haben. Die eine ist uns allen gemeinsam und ergibt sich aus der Tatsache, dass wir alle an der Vernunft und derjenigen Vortrefflichkeit teilhaben, durch die wir den Tieren überlegen sind; dies ist die Quelle von allem, was ehrenhaft und angemessen ist, und die Quelle der Überlegungen, die wir anstellen, um herauszufinden, was unsere Pflicht ist. Die andere Rolle ist jedem Einzelnen von uns gesondert zugewiesen. Denn ebenso

> wie es große Unterschiede zwischen unseren körperlichen Eigenschaften gibt – wir sehen ja, dass einige Menschen sich durch Schnelligkeit im Laufen, andere durch die Kraft im Ringen auszeichnen, und ebenso besitzen einige Menschen eine Gestalt, in der Würde liegt, während in der anderer sich Anmut zeigt –, so gibt es auch bei unserer geistigen Beschaffenheit eine große, ja, sogar eine noch größere Vielfalt ... (1.107)
>
> Zu den beiden Rollen, die ich oben aufgezählt habe, kommt eine dritte hinzu, die uns bestimmte zufällige Umstände aufzwingt; und es gibt noch eine vierte, die wir durch unsere eigene Entscheidung für uns selbst annehmen. Denn die Macht über Königreiche, die Befehlsgewalt über das Militär, hoher gesellschaftlicher Stand, Ehrenämter, Reichtum, Erfolg und ihre Gegensätze hängen vom Zufall ab und werden von den Umständen bestimmt. Aber die Rolle, die wir selbst spielen wollen, ergibt sich aus unserer Wahl. So widmen sich manche Menschen der Philosophie, andere dem Zivilrecht, wieder andere der öffentlichen Rede, und in Bezug auf die Tugenden wollen sich manche Menschen in dieser, andere in einer anderen auszeichnen. (1.115)

Wann immer wir zum Handeln aufgefordert sind, müssen wir zunächst herausfinden, was zu tun angemessen ist. Wenn wir dies auf der Grundlage vollkommener Sachkenntnis tun könnten, wären wir tugendhafte Akteure und unsere Handlungen mehr als nur angemessen; die Stoiker würden sie »vollkommen angemessene« oder »richtige« Handlungen *(katorthōmata)* nennen. Aber absolute Vollkommenheit ist ziemlich schwer zu erreichen, und die Stoiker hatten sicherlich recht damit, einzuräumen, dass es praktisch niemandem jemals gelingt.

Jemand, dem dies jedoch gelänge, wäre ein Ideal, dem man nacheifern sollte, ein Vorbild, dessen Wissen und Fähigkeit, dieses auf das Leben anzuwenden, die Vollkommenheit der menschlichen Natur und ihrer Vernunft darstellen. Zu Inspirationszwecken sprachen die Stoiker oft darüber, wie diese Art von Weisheit aussehen würde, wobei sie einräumten, dass vielleicht nur ein oder zwei Menschen sie je erreicht hatten (ganz gewiss Sokrates und auch Herakles – wobei der Halbgott und Sohn des Zeus wohl einen unfairen Vorteil gegenüber der normalen Menschheit hatte). Die Stoiker haben sich ziemlich viel Mühe mit der Beschreibung eines solch vollkommen weisen Menschen (der »Weise«) gegeben und damit, von sich zu weisen, dass jemand, der hinter diesem Standard zurückbleibt, tatsächlich tugendhaft sein könne – mit der Begründung, dass Tugend eine Vollkommenheit ist und es nicht mehrere Stufen der Vollkommenheit gibt. Dieses Vorgehen kann nur einem protreptischen und erzieherischen Zweck gedient haben, um uns zur Selbstvervollkommnung zu ermutigen und ein Ziel für jeden zu setzen, der darauf hinarbeitet, ein besserer Mensch zu werden und so letztlich das Ziel des menschlichen Lebens zu erreichen, das die Stoiker mit »Glückseligkeit« *(eudaimonía)* gleichsetzten.

Kehren wir zu der Frage zurück, was gut und was schlecht ist. So wie die Stoiker einen außerordentlich hohen Standard für Tugend und Weisheit ansetzten, entwickelten sie auch einen sehr strengen und durchaus kontraintuitiven Standpunkt zu Werten. Einer Argumentationslinie folgend, die sich in einigen sokratischen Dialogen findet (*Gorgias* 467–468, *Euthydemus* 278–282, *Menon* 87–89; Xenophon, *Memorabilia* 4.6.8), beschränkten die Stoiker den Begriff »gut« auf Tugend und alles Tugendhafte (wie tugendhafte

Menschen); umgekehrt sind nur Laster und alles Lasterhafte schlecht. Als Grund dafür führten sie an, dass das Gute einfach als etwas zu verstehen ist, das seinem Besitzer ganz konkret Nutzen bringt und dies zuverlässig tut. Laut Sokrates – und die Stoiker hat dieses Argument vollends überzeugt – kann man sich nur bei der Tugend darauf verlassen, dass sie uneingeschränkt nützlich ist, und nur das Laster gilt unter allen erdenklichen Umständen als schädlich. Andere positive oder verlockende Dinge, wie etwa Reichtum, können im Prinzip Schaden anrichten, wenn sie missbraucht werden, und manchmal können sogar negative Dinge, die wir normalerweise vermeiden sollten, gut für uns sein, wenn wir sie richtig handhaben. Sowohl im positiven als auch im negativen Fall spielt die Art und Weise, wie mit den konkreten Gegebenheiten umgegangen wird, die entscheidende Rolle, und die Fähigkeit, diese Art von Dingen wirklich und beständig vorteilhaft zu nutzen, ist die Vortrefflichkeit, die wir Tugend nennen.

Diese eng gefasste stoische Auffassung von Gut und Böse empfanden die Menschen in der Antike als absolut nicht einleuchtend. Wenn, so argumentierten die Kritiker manchmal, Gesundheit und Reichtum kein Gut sind, warum streben wir dann danach? Oder wollten die Stoiker damit sagen, dass wir uns die Mühe gar nicht erst zu machen brauchen? (Aber wenn das der Fall wäre, wie könnten sie dann behaupten, dass sie für ein Leben im Einklang mit der Natur eintreten?) Wie dem auch sei, das Bild, das die Stoiker von der menschlichen Natur und Motivation zeichnen, erscheint zutiefst unrealistisch. Da die Stoiker mit anderen antiken Philosophen darin übereinstimmten, dass die Ethik sich zumindest in den Grenzen dessen bewegen sollte, was im Einklang mit der Natur steht, schienen sie in ihrer Meinung über Gut und Böse anfällig für entschiedene Kritik und Ablehnung zu sein. Wie haben sie darauf reagiert?

Sicherlich nicht, indem sie von ihrem sokratisch begründeten Idealismus abrückten. Sie hielten an der Vorstellung fest, dass die Tugend das einzig verlässlich Nützliche und damit das einzig Gute ist, aber sie hatten keinerlei Probleme damit, anzuerkennen, dass es noch andere Werte gibt. Alles außer Tugend und Laster wurde als gleichgültig eingestuft, also als weder gut noch schlecht. Einige dieser Dinge sind jedoch positiv und motivieren uns von Natur aus, sie möglichst zu erlangen beziehungsweise zu erhalten, zum Beispiel Gesundheit und Reichtum; andere sind negativ und wir versuchen von Natur aus, sie zu vermeiden oder sie loszuwerden, wie Krankheit und Armut. Es liegt in der Natur des Menschen, wie es bei jedem anderen Lebewesen auch der Fall ist, zu versuchen, das Positive zu erwerben und das Negative zu vermeiden; natürlich tragen die positiven Dinge zu einem normalen und gesunden Leben für ein Geschöpf unserer Art bei; aber die Tatsache, dass sie nicht immer und unter allen Umständen nützlich sind und missbraucht werden können, bedeutet, dass sie nach dem anspruchsvollen sokratischen Maßstab der Stoiker nicht als gut gelten. Stattdessen bezeichnen sie die positiven Dinge dieser Art als »bevorzugte Gleichgültige« und die negativen als »nicht bevorzugte Gleichgültige«. (Es ist zwar trivial, aber am Rande erwähnenswert, dass einige Gleichgültige für unser Leben keinerlei Bedeutung haben – etwa, ob die Anzahl der Sterne am Himmel oder der Haare auf unserem Kopf gerade oder ungerade ist. Solche Dinge gelten als »absolut gleichgültig«. Sie können von hier an ignoriert werden.)

Bevorzugte Gleichgültige besitzen für uns einen realen Wert und nicht bevorzugte Gleichgültige eine Art realen »Unwert« (um den stoischen Neologismus nachzuahmen), aber diese Art von Wert unterscheidet sich so sehr von dem Wert der Tugend und dem Unwert des Lasters, dass ihre Werttheorie eine Art Dualismus aufweist.

Und in der Tat sagten die Stoiker selbst mit Nachdruck, dass diese beiden unterschiedlichen Wertmaßstäbe nicht miteinander zu vergleichen sind. Würde man eine Rechnung anhand der Werte aufmachen, um zu entscheiden, was in einer bestimmten Situation das Richtige zu tun wäre, dann könnte keine Menge an gleichgültigen Dingen die Auswirkungen dessen aufwiegen, was wahrhaft gut oder schlecht ist – nämlich eine tugendhafte oder lasterhafte Handlung. Im Idealfall könnte man sein naturgemäßes Leben als Mensch führen und nach Gesundheit, Reichtum, guten sozialen Beziehungen und so weiter streben, ohne dass dies mit unserem weitaus wichtigeren Streben nach Tugend und Glückseligkeit in Konflikt geriete; wenn aber die Umstände eine Wahl erzwingen, dann gewinnt bei der Entscheidung über das angemessene Handeln immer die Tugend.

Der vorrangige Wert von Tugend und Laster im Vergleich zu dem der gleichgültigen Dinge ist die wichtigste Botschaft der stoischen Ethik. Solange Tugend und Laster aus dem Spiel sind, wird der weise Handelnde immer nach einem besseren Gleichgewicht zwischen den bevorzugten und den nicht bevorzugten Dingen streben, und dieses Bemühen ist ein rationales und naturgemäßes Verhalten: Hier leben wir zumindest in einem Sinne im Einklang mit der Natur – unsere menschliche Natur gibt uns vor, welche Dinge zu bevorzugen und welche nicht zu bevorzugen sind. Wenn jedoch irgendwann klar wird, dass die Tugendhaftigkeit den Verzicht bevorzugter Dinge erfordert, dann ist dies das Richtige, das wir zu tun haben. Das Richtige zu tun – wie zum Beispiel das eigene Leben zu riskieren, um jemanden zu retten oder den Staat zu erhalten oder um der Gerechtigkeit willen auf Gewinn zu verzichten – ist jedoch nicht das Einzige, das diese Art von Opfer erfordern kann. Da der Gesamtplan des Kosmos als Ausdruck der uns wohlgesonnenen und vollkommenen Vernunft des Zeus oder der Natur angesehen wird, müssen wir uns auch jeder unumgänglichen Erfordernis der Vorsehung fügen. Wann immer wir im Einklang mit unserer Vernunft und der damit einhergehenden Harmonie mit der kosmischen Natur handeln, leben wir auch im Einklang mit der Natur, diesmal in einem viel umfassenderen und maßgeblichen Sinne. Chrysipp (siehe Kasten unten) brachte sehr deutlich zum Ausdruck, dass der göttliche Plan immer Vorrang vor unseren Bemühungen hat, das zu tun, was sonst das Natürliche zu tun gewesen wäre. Es ist allerdings wichtig, noch einmal zu betonen, wie schwierig es in Wirklichkeit sein kann, im Voraus zu wissen, was der Wille des Zeus (wie es oft genannt wurde) ist. Sicherlich sind die meisten unserer konkreten Entscheidungen über angemessene Handlungen maßgeblich durch unsere Ungewissheit darüber bedingt, was die Vorsehung für uns bereithält – eine Ungewissheit, die es uns ermöglicht, wohlwollend nach den »guten« (das heißt von Natur aus bevorzugten) Dingen im Leben zu streben. Es überrascht nicht, dass die Gegner der Stoiker diese nuancierte Position kaum zur Kenntnis nahmen und sich in ihrer Polemik hauptsächlich auf die eher paradoxen Aspekte der stoischen Ethik konzentrierten.

Epiktet: *Unterredungen*

Wenn du dir immer vor Augen hältst, was dein ist und was das eines anderen ist, wirst du nie verstört werden. Deshalb hat Chrysipp zu Recht gesagt: »Solange ich nicht weiß, was als Nächstes kommt, werde ich mich an das halten, was am ehesten dazu führt, dass ich die Dinge im Einklang mit der Natur erhalte. Denn Gott hat mich so geschaffen, dass ich diese Dinge auswählen kann. Wenn ich aber wüsste, dass es mir nun bestimmt ist, krank zu werden, dann würde ich sogar das anstreben. In der Tat würde ein Fuß, wenn er Verstand hätte, danach streben, schmutzig zu werden.« (2.6.8–10)

Der Mensch ist von Natur aus motiviert, nach Glückseligkeit zu streben, seinem natürlichen Ziel *(telos)*, aber auch nach anderen Werten, selbst wenn diese weniger wichtigen Ziele geopfert werden müssen, sollte es nötig sein. Wie die Kritiker der Stoiker in der Antike könnten auch wir uns fragen: In welcher Beziehung stehen diese beiden Arten von Zielen eigentlich zueinander? Einen kleinen Einblick erhalten wir, wenn wir die verschiedenen Arten betrachten, in denen die Stoiker das *telos*, das Ziel des menschlichen Lebens, beschrieben; eine unvollständige Liste dieser Arten ist im Folgenden aufgeführt. Obwohl sich der Grundgedanke, den sie verfolgten, im Laufe der Zeit nicht wesentlich verändert hat, verraten uns die verschiedenen Formulierungen des *telos* viel über die Entwicklung der Stoa.

Stoische Formulierungen zum *telos* – dem Ziel des Lebens

ZENON: im Einklang zu leben [oder im Einklang mit der Natur zu leben – beide Versionen sind überliefert], also der Tugend gemäß zu leben

KLEANTHES: im Einklang mit der Natur zu leben

CHRYSIPP: in Übereinstimmung mit der Erfahrung dessen zu leben, was von Natur aus geschieht

DIOGENES VON BABYLON: der Gebrauch der Vernunft bei der Auswahl und Ablehnung dessen, was nach der Natur geschieht

ARCHEDEMOS: so zu leben, dass man alle angemessenen Handlungen vollkommen ausübt

ARCHEDEMOS: so zu leben, dass man die wichtigsten und bedeutendsten natürlichen Dinge auswählt, und nicht in der Lage zu sein, diese auszulassen

ANTIPATER: immer so leben, dass man das Natürliche auswählt und das Unnatürliche ablehnt

ANTIPATER: stets und unbeirrt alles in der eigenen Macht Liegende zu tun, um die wichtigsten naturgemäßen Dinge zu erreichen

PANAITIOS: gemäß den Neigungen zu leben, die uns von Natur aus gegeben sind

POSEIDONIOS: so zu leben, dass man sich stets die Wahrheit und die Ordnung des Universums vor Augen hält, und dazu beizutragen, diese Ordnung so weit wie möglich zu errichten, ohne sich in irgendeiner Hinsicht vom irrationalen Teil der Seele mitreißen zu lassen

EINIGE SPÄTERE STOIKER: gemäß der menschlichen Natur zu leben

Es heißt, dass einige Stoiker sehr darauf bedacht waren, die menschliche Natur von der Natur des Kosmos (die alles lenkt) zu unterscheiden (Diogenes, *Laërtius* 7.88); aber der Begriff »naturgemäß« oder »im Einklang mit der Natur« ist in noch einer weiteren Hinsicht uneindeutig. Manchmal, wenn er sich auf die Natur des Kosmos bezieht, verweist er auf das, was von der vollkommenen Vernunft der göttlichen Ordnung in der natürlichen Welt gefordert wird; aber manchmal meint er auch das, was im Einklang mit den bevorzugten gleichgültigen Dingen ist – mit den Dingen, die der Mensch seiner Natur nach anstreben wird, sofern sie in den Plan der Natur des Kosmos hineinpassen. Dieser »niederrangige« Sinn des Natürlichen ist in den Formulierungen von Archedemos und Antipater (siehe Seite 119) erkennbar, und auch Panaitios' Formulierung mit Verweis auf natürlichen Neigungen deutet auf ihn hin. Es ist sinnvoll, diese natürlichen Neigungen zu berücksichtigen, schließlich ist unumstritten, dass das Streben nach Gesundheit und Wohlstand in der Natur des Menschen liegt, auch wenn es der Plan der Natur des Kosmos sein mag, dass einige von uns jung sterben oder verarmen.

Um sie der Inkohärenz zu bezichtigen, machten sich die Kritiker der stoischen Ethik in der Antike die Art und Weise zunutze, in der die Stoiker das *telos* beschrieben, nämlich dass es zwei verschiedene und manchmal widersprüchliche höchste Ziele gebe. Das eine war angeblich das erfolgreiche Erringen der wichtigsten Objekte unseres angemessenen Strebens und Begehrens, der bevorzugten gleichgültigen Dinge, und das andere war das Streben nach Glückseligkeit und Tugend, einem Zustand der Harmonie mit der Natur, der das Erringen der bevorzugten gleichgültigen Dinge für unseren Erfolg tatsächlich irrelevant macht. Doch auch wenn sich einige Stoiker einer nachlässigen Ausdrucksweise schuldig gemacht haben mögen, hat die Kritik letztlich keine Substanz. Sie löst sich in Luft auf, wenn wir der Tatsache Rechnung tragen, dass der Mensch danach streben soll, bevorzugte gleichgültige Dinge zu erwerben, also Dinge, die unseren grundlegenden Neigungen als Mitglieder unserer Spezies entsprechen, und gleichzeitig erkennen müssen, dass sie keine Grundlage für Glückseligkeit sind und wir sie mit Gleichmut loslassen müssen, wenn wir erfahren, dass ihr Erreichen nicht Teil des göttlichen Gesamtplanes ist. Das Streben nach materiellem Wohlstand zum Beispiel ist natürlich und normal, und somit sollten wir alle danach streben, jeder auf seine Weise. Aber uns muss klar sein, dass dies nicht der Schlüssel zur Glückseligkeit ist, und es sollte niemals unseren viel wichtigeren Plan, Tugend zu erreichen, beeinträchtigen dürfen; wir sollten jederzeit bereit sein und den Anstand besitzen, unsere Bemühungen, reich zu werden, aufzugeben, sobald sich herausstellt, dass dies nicht zu dem Plan gehört, den Zeus für uns im Sinn hat. Die Tugend ist das Einzige, das wir mit uneingeschränktem Engagement verfolgen sollten, denn sie ist das alleinige Gut und damit das Einzige, das uns glücklich machen kann.

Zum Schluss dieser Erörterung der stoischen Ethik werfen wir einen kurzen Blick auf eine ihrer paradox klingenden Lehren: Der vollkommen vernünftige und weise Mensch wird frei von Leidenschaften sein. Es gibt ein Stereotyp des Stoizismus, das jeder kennt, nämlich die Behauptung, Stoizismus bedeute, absolut rational zu sein, ohne auch nur eine Spur von Emotionen zuzulassen – wie Mr Spock aus *Star Trek*, nur noch extremer. Dass dies den Stoizismus nicht richtig darstellt, ist inzwischen allgemein bekannt. Fachleute weisen darauf hin, dass die Leidenschaften *(pathê)*, von denen der stoische Weise frei sein soll, nicht das sind, was wir mit Emotionen meinen, sondern eine enger definierte Gruppe von Geisteszuständen, die per definitionem pathologisch sind. Der Weise mag zwar vollkommen rational sein, aber das beraubt ihn nicht jeglicher affektiven oder emotionalen Erfahrung. Er empfindet »Freude« bei guten Dingen und eine Art »Wunsch«, sie zu erwerben; ebenso gibt es ein ausgewogenes und vernünftiges Gefühl der »Vermeidung« bei der Aussicht auf schlechte Dinge, wie Laster und lasterhafte Menschen. Diese positiven affektiven Zustände treten an die Stelle der schlechten und fehlgeleiteten affektiven Zustände, die für die Nichtweisen charakteristisch sind. Wenn es sich bei etwas, das wir genießen, nicht um ein wahres Gut, sondern um etwas anderes handelt, empfinden wir keine Freude, sondern lediglich »Vergnügen«, eine der vier Grundarten der Leidenschaft. Unser Streben nach solchen Pseudogütern nennen die Stoiker (und andere) »Begierde« oder »Verlangen« *(epithymia)*, ein verstörender und beunruhigender Zustand. Während die Weisen das Laster mit einer ruhigen und beständigen Gemütsregung vermeiden, besitzen die Törichten die Leidenschaft der »Furcht«, die ihre Versuche begleitet oder ausmacht, Dinge zu vermeiden, die nicht wahrhaft schlecht sind, aber für schlecht gehalten werden. Wir Nichtweisen versuchen vielleicht, das Laster zu vermeiden, aber wir fürchten den Tod – der lediglich eine nicht bevorzugte gleichgültige Sache ist. Die Nichtweisen sind zudem einer weiteren Leidenschaft unterworfen, für die es bei den Weisen kein Gegenstück gibt. Die Törichten empfinden »Trauer« oder tiefen emotionalen Schmerz *(lupê)*, wenn sie sich in einem Zustand gefangen sehen, den sie für schlecht halten (zum Beispiel beim Verlust eines Freundes oder Familienmitglieds). Die Weisen hingegen befinden sich nie im Griff von wahrhaft schlechten Zuständen – die nur Laster sein können –, sodass sie kein Gegenstück zu dieser Leidenschaft besitzen. Da sie sich stattdessen immer im Zustand der Tugend (des Guten) befinden, besteht ihr Gefühlsleben aus ständiger Freude und Gelassenheit – selbst unter nicht bevorzugten Umständen.

Zwei dieser Leidenschaften, das Vergnügen und der Schmerz, werden mit zweideutigen Begriffen beschrieben, mit Wörtern, die entweder einen rein körperlichen Zustand oder einen kognitiven und emotionalen Zustand bezeichnen. Der Weise ist frei von irrationalen und irregeleiteten Affekten, aber es gehört nicht zur stoischen Lehre, zu behaupten, dass die Weisen frei von körperlichem Schmerz und Vergnügen seien. Sicherlich leiden sie, wenn sie Wunden oder Verbrennungen erdulden müssen, und sie empfinden Vergnügen, wenn es auf angemessene Weise stimuliert wird. Aber diese körperlichen Zustände sind keine lasterhaften Leidenschaften; sie sind lediglich gleichgültig, das heißt, sie werden weder bevorzugt noch nicht bevorzugt.

Die stoische Behauptung, dass die Weisen frei von Leidenschaften sind, macht sie nicht zu Übermenschen und auch nicht zu apathischen Zombies. Vielmehr sind sie so ziemlich das, was wir von ihnen erwarten würden: völlig vernünftige Menschen, die alle Erfahrungen, die sie machen, nach den Maßstäben der Vernunft bewerten. Ein weiser Mann liebt seine Frau und empfindet ihre Gesellschaft als Vergnügen, aber er erkennt auch, dass jeder Mensch sterblich und daher keine zuverlässige Quelle des Guten ist. Wenn seine Frau ebenfalls weise ist, dann bereitet ihm ihre Tugend Freude und trägt zu seinem glücklichen Geisteszustand bei. Aber wenn nicht, ist ihre Beziehung immer noch von Zufriedenheit und einer aufrichtigen menschlichen Bindung geprägt. Aber wird er denn nicht Trauer *(lupê)* erleiden, wenn sie stirbt? Nein, und genau hierin zeigt sich, dass die Stoiker frei von Leidenschaften sind. Der spätere Stoiker Epiktet hat sich dieser Frage gewidmet (siehe Seite 125). In seiner Version dieser stoischen Lehre wird der Weise niemals etwas anstreben oder unbedingt erhalten wollen, was er nicht durch seine eigenen Anstrengungen zuverlässig erreichen könnte – und das Einzige, das diese Bedingung erfüllt, ist die Verbesserung seines eigenen Charakters und seiner geistigen Verfassung. Dinge wie Reichtum, ein liebevoller Partner und Kinder sind den Launen des Schicksals unterworfen. Wenn jemand sich diese Dinge zum Ziel setzen würde, weil er sie für »gut« hält, dann wäre er in der Tat am Boden zerstört, wenn er sie verlieren würde. (Ähnliches gilt – *mutatis mutandis* – für Dinge, die er vermeiden will, weil er sie für wahrhaft schlecht hält.)

Epiktet: *Handbüchlein der Moral*

Bei allem, was dich erfreut, dir nützt oder dir lieb und teuer ist, vergiss nie, dir zu sagen, von welcher Art es wirklich ist, angefangen bei den geringsten Dingen. Wenn du einen Krug schätzt, sage dir: »Ich schätze einen Krug.« Denn wenn er dann zerbricht, wird es dich nicht beunruhigen. Wenn du dein Kind oder deine Frau herzt, sage dir, dass du einen Menschen herzt. Denn wenn er stirbt, wird es dich nicht beunruhigen. (3)

Laut Epiktet ist der Versuch, etwas Gleichgültiges zu erlangen oder zu behalten, als ob es ein Gut wäre, ein Rezept für Elend, und der Versuch, etwas Gleichgültiges zu vermeiden oder loszuwerden, als ob es ein Übel wäre, ebenfalls. Stattdessen empfiehlt er uns, von dem richtigen Verständnis dessen auszugehen, was wahrhaft gut (Tugend) und wahrhaft schlecht (Laster) ist, und unsere eifrigen Bemühungen nur auf diese Dinge zu richten. (Epiktet betont besonders nachdrücklich den grundlegenden Unterschied zwischen dem, was »in unserer Macht liegt«, und dem, was »nicht in unserer Macht liegt«, das heißt zwischen den Dingen, die entweder unserer bewussten Entscheidung und Anstrengung – *prohairesis* – unterliegen oder nicht.) Wenn wir das täten, hätten wir niemals unter den schrecklichen Emotionen zu leiden, die eigentlich Leidenschaften genannt werden müssten. Natürlich ist Epiktet völlig klar, dass wir versuchen können, gleichgültige Dinge zu erlangen oder zu vermeiden, und natürlicherweise eine bestimmte Reaktion auf unsere Erfolge und Misserfolge bei solchen Bemühungen haben. Aber all diesen Anstrengungen muss die Erkenntnis zugrunde liegen, dass hierbei nicht die Glückseligkeit – oder tiefstes Elend – auf dem Spiel stehen und der Erfolg niemals als selbstverständlich angesehen werden darf. Er empfiehlt, solche Dinge mit einer gewissen Leichtigkeit anzugehen, mit einer Art mentaler Distanzierung, die ein mögliches Scheitern oder einen möglichen Rückschlag des Unterfangens bereits mit einkalkuliert. Die Stoiker rieten auch dazu, sich auf Unglücke (wie den Tod eines Kindes) vorzubereiten, indem man sich vorstellt, wie sie einen treffen, damit man nicht unvorbereitet ist, wenn so etwas tatsächlich passiert. Dies wurde als »Vorwegnahme des Unglücks« *(praemeditatio malorum)* bezeichnet und auch von einigen anderen philosophischen Schulen als praktische Maßnahme übernommen. Für die Stoiker basierte sie jedoch auf der strikten Unterscheidung zwischen gut beziehungsweise schlecht einerseits und bevorzugt beziehungsweise nicht bevorzugt andererseits.

Auf diese Weise auf Enttäuschungen vorbereitet, wird der Weise niemals das unzuverlässige Vergnügen empfinden, scheinbar ein Gut zu erlangen, das keines ist, niemals Trauer über den Verlust von etwas verspüren, das in Wirklichkeit für die Glückseligkeit des Menschen verzichtbar ist, noch wird er das Gefühlschaos durchmachen, das aus leidenschaftlicher Begierde oder panischer Angst erwächst. Stattdessen wird der Weise, der den wahren Wert der Dinge kennt – was für die Stoiker der Kern der Weisheit ist –, Vernunft in seinen Bemühungen, gleichgültige Dinge zu bekommen oder zu vermeiden, walten lassen und ebenso mit Vernunft auf Erfolg oder Misserfolg reagieren. Selbst jemand, der noch nicht weise ist, sondern erst noch daran arbeitet, es zu werden, wird von dieser Art affektiver Vernünftigkeit profitieren, auch wenn er natürlich immer noch anfällig für Fehler und Rückfälle ist. Erst wenn all diese angemessenen Handlungen zur absolut zuverlässigen Gewohnheit werden, sodass die Handlungen vollkommen richtig *(katorthōmata)* sind, kann man von Weisheit sprechen und die Erfahrung reiner Freude über einen wahrhaftig und zuverlässig guten Zustand (Tugend) genießen.

KAPITEL 6

LOGIK

Für den stoischen Lehrer Epiktet hat Rationalität viel mit dem richtigen »Gebrauch von Vorstellungen« zu tun.

Eine Vorstellung *(phantasia)* ist für die Stoiker die Grundeinheit der geistigen Aktivität, der Begriff selbst geht jedoch auf Platon zurück, der ihn verwendete, um zu beschreiben, wie etwas für uns *aussieht*, und auf Aristoteles, der viel dazu beitrug, ihn als Fachbegriff in der Psychologie zu etablieren. Die Stoiker gingen noch weiter. *Phantasia* ist in ihren Augen in erster Linie eine Veränderung der Psyche eines Tieres, die durch die sinnliche Wahrnehmung der Außenwelt hervorgerufen wird. Materielle Objekte verursachen Veränderungen im Medium zwischen ihnen und den Sinnesorganen, und diese Veränderungen wiederum weitere Veränderungen in diesen Sinnesorganen, die dann durch das sensorische System des Tieres zu seinem »Geist« oder seinem zentralen koordinierenden Teil (seinem »leitenden Teil« *hêgemonikon,* bestehend aus entsprechend beschaffenem *pneuma*) weitergeleitet werden. Dort machen sich solche Veränderungen als Vorstellungen bemerkbar, Veränderungen, die das Tier über das Objekt informieren, das die allererste Ursache dieser Kausalkette materieller Wechselwirkungen war. Obwohl bei dieser Art von Kausalkette einiges schiefgehen kann, hat die Natur dieses System so konzipiert, dass es im Normalfall funktioniert: Das heißt, Tiere verlassen sich zu Recht auf die Richtigkeit ihrer Wahrnehmungen, sodass sie sich erfolgreich in der Welt zurechtfinden und ihre charakteristischen Aufgaben erfüllen können. Eine rationale, providenzielle Kraft wie die Natur legt es nicht darauf an, dass ihre Geschöpfe scheitern; es gibt keinen bösen Dämon, der sie systematisch darüber täuscht, was in der Welt vorgeht.

Menschen – die vernunftbegabten Tiere – sind hingegen rational und bei ihnen ist das eben beschriebene System komplizierter. Wenn wir Eindrücke von der Außenwelt empfangen, ist bei uns eine besondere Art von Achtsamkeit damit verknüpft; bei rationalen Lebewesen liegen Vorstellungen *rational* vor, was bedeutet, dass es im Zusammenhang mit ihnen einen sagbaren Inhalt *(lekton)* gibt. Dieses Inhalts sind wir uns bewusst, und obwohl Unkörperliches eigentlich nicht auf etwas anderes einwirken kann, ermöglicht sein Vorhandensein es den vernunftbegabten Tieren, Vorstellungen zu bewerten und sie somit auf verschiedene Weise zu nutzen. Eines der wichtigsten Dinge, die wir mit unseren Vorstellungen tun können, ist, zu entscheiden, ob wir sie als glaubwürdig erachten oder nicht. Nehmen wir einmal an, Sie haben die Vorstellung, in einem dunklen Raum liege eine Schlange. Mein Hund (der genauso viel Angst vor Schlangen hat wie ich) zieht sich knurrend und mit eingezogenem Schwanz aus dem Raum zurück – eine gewissermaßen automatische und offensichtlich adaptive Reaktion (die Natur hält ihre schützende Hand über Rover, indem sie ihn vor potenziellen Bedrohungen auf der Hut sein lässt). Aber im Gegensatz zu Rover bin ich mir der Vorstellung, die ich mir mache, durchaus bewusst. Ich kann mir also sagen: »Moment mal, habe ich in diesem schlechten Licht tatsächlich eine Schlange gesehen oder vielleicht nur eine harmlose Seilrolle?« Nachdem ich darüber nachgedacht habe, kann ich dann zum Beispiel entscheiden, dass es sich um eine irreführende Vorstellung handelt, und sie verwerfen: »Komm wieder rein, Rover, du dummer Hund, das ist nur ein altes Seil.« Oder aber Rover hat instinktiv richtig reagiert und es handelt sich tatsächlich um eine gefährliche Schlange. Dann stimme ich der Vorstellung zu und gehe mit meinem Hund in den Nebenraum, von wo aus ich nervös die Tierkontrollbehörde anrufe.

Mit der Fähigkeit, einer Vorstellung oder einem Eindruck die Zustimmung zu erteilen oder diese zu verweigern, verleiht uns unsere Vernunft eine fundamentale Macht über den Umgang mit der Außenwelt; für die Stoiker sind wir aufgrund genau dieser Fähigkeit reflektierende, kritische und damit rationale Tiere. Ohne den Zugang zu den intelligiblen Inhalten der Welt, der durch unseren außerordentlichen Verstand (außerordentlich im Vergleich zu anderen Tieren) ermöglicht wird, wären wir automatisch reagierende Bestandteile einer Kausalkette, genau wie diese Tiere. Auch mit diesem Zugang bleiben wir selbstverständlich ein Teil der Kausalkette (denn auch unsere Zustimmung ist ein physisches Ereignis in unserem physischen Verstand), aber wir besitzen sozusagen einen inneren Schalter, der dazu dient, unsere innere mentale Aktivität zu einem entscheidenden Knotenpunkt in der Kausalkette zu machen: Je nachdem, was wir als Reaktion auf Eindrücke aus der Außenwelt tun, nehmen die Dinge diesen (wenn wir zustimmen) oder jenen (wenn wir nicht zustimmen) Verlauf. Inzwischen wissen wir, dass die Art und Weise, wie wir reagieren, ebenfalls durch einen kausalen Zusammenhang bestimmt wird – unser Geist ist aufgrund früherer Ursachen so, wie er ist, und das beeinflusst unsere Reaktionen; aber glücklicherweise sind wir uns dieses Zusammenhangs nicht bewusst, sodass wir unsere Entscheidungen als »freie« Akteure treffen.

Aber damit erschöpft sich noch nicht, wie wir unsere Vorstellungen gebrauchen können. Sie sind auch die Grundlage für die allgemeinen Vorstellungen, und wir können lernen, sie weiterzuentwickeln und zu manipulieren (selbstverständlich mit den dazugehörigen Inhalten); dieser Vorgang ist auf Seite 133 dargestellt. Genau diese Art der inneren Verarbeitung von inhaltlichen Eindrücken macht vernunftbegabte Tiere zu wahrhaft rationalen, denkenden Entitäten – und das beschreibt auch schon in groben Zügen die kognitive Psychologie, die der Stoizismus begründet hat. Die philosophischen Gegner der Stoiker, von denen sich einige ganz und gar der Idee verschrieben hatten, dass das Denken im Wesentlichen eine körperlose Aktivität ist, lehnten ihre Auffassung ab; aber da das Denken kausal wirksam ist, waren die Stoiker durch ihren Status als Riesen gezwungen, eine körperliche Darstellung der Funktionsweise des Geistes zu liefern. Ihre Erzählung über den unkörperlichen geistigen Inhalt, der diese Vorgänge begleitet, ist ein wesentlicher Bestandteil dieser Theorie. Materialistische und wissenschaftliche Theorien über die Funktionsweise des Geistes gibt es natürlich auch heute noch; diese Debatte über die materielle Grundlage des Denkens – ob es sich nun um Neuronen oder das stoische Gegenstück, das *pneuma*, handelt – und ihre Beziehung zu den Inhalten und Bedeutungen, welche die Substanz unseres geistigen Bewusstseins bilden, führt nach wie vor zu Meinungsverschiedenheiten. Jedenfalls lässt sich sagen, dass die Stoiker Vorreiter in einer der am längsten andauernden und immer noch ungelösten Debatten in der Geschichte der Philosophie waren.

Aëtios

Die Stoiker sagen: Wenn ein Mensch geboren wird, ist der leitende Teil seiner Seele wie ein leeres Blatt Papier, bereit, beschrieben zu werden. Und darauf steht jede einzelne unserer Vorstellungen geschrieben.

Die erste Art des Schreibens findet durch die Sinne statt. Denn wenn wir etwas wahrgenommen haben, zum Beispiel etwas Weißes, behalten wir, auch wenn es verschwunden ist, eine Erinnerung daran. Wenn wir viele Erinnerungen der gleichen Art haben, dann sagen wir, wir besitzen Erfahrung darin, eine Reihe von vielen Eindrücken der gleichen Art ist Erfahrung.

Von den Vorstellungen entstehen einige ganz natürlich auf die angegebene Weise, während andere direkt durch Unterricht und Praxis entstehen. Die letzteren werden einfach als Vorstellungen bezeichnet, während die ersteren auch als »allgemeine Vorstellungen« bezeichnet werden. (4.11.1–5)

Kehren wir zu Epiktet zurück (siehe Seite 95). Sein Fokus auf den »Gebrauch von Vorstellungen« als Schlüssel zu unserem geistigen Leben ist eine Standardtheorie der Stoiker, aber seine Terminologie in Bezug auf diese Lehre ganz und gar seine eigene. Wenn er sagt, dass dieser »Gebrauch« uns zu unseren selbst bewussten, kritischen Tieren macht, die in der Lage sind, die Welt zu analysieren und selbst über unseren Lebensweg zu entscheiden, meint er eigentlich Vorstellungen als Träger dieser Art von Inhalten. Unabhängig davon, ob wir die Art und Weise, wie die Stoiker mit der Herausforderung umgehen, kognitive Aktivitäten in einem materialistischen Rahmen zu verorten, akzeptieren oder nicht, kann dies als Grundlage für einen äußerst wichtigen Teil ihrer Gesamtphilosophie begriffen werden. Wenn wir, wie die meisten Platoniker in der Antike, diese »Metaphysik des Geistes« ablehnen und darauf bestehen, dass das Denken eine ausschließlich unkörperliche Tätigkeit ist, dann muss ein großer Teil dessen, was den Stoizismus auszeichnet, abgelehnt werden – und mehr oder weniger das ist, so glaube ich, in der späteren Antike passiert, was zum Zusammenbruch des stoischen Projekts und zum Aufgehen seiner Überreste im Platonismus geführt hat.

Logik hat in der stoischen Theorie eine weit und eine eng gefasste Bedeutung. Wir haben bisher über einige Merkmale der weit gefassten Bedeutung gesprochen, nämlich die Untersuchung dessen, was uns rational macht – Logik (die stoische *logikḗ*) als Theorie des *logos*. Es gibt jedoch auch eine konkretere und fachspezifischere Bedeutung von »Logik« in der Antike, die sich gut mit dem deckt, was wir heute mit dem Begriff meinen. Dabei handelt es sich um den eng umrissenen Fachbereich verschiedener Formen des Schlussfolgerns, der Beweisführung, der Argumentation und so weiter. Die Stoiker waren auch in diesem Bereich große Vorreiter – Chrysipp hat sich unter anderem hiermit einen Namen gemacht –, und die aktive Erforschung der Logik in diesem konkreten Sinne war von Anfang bis Ende Teil des stoischen Denkens. Die weit und die eng gefasste Bedeutung der Logik waren eng miteinander verzahnt. Denn unter logischen Beziehungen verstand man die Beziehungen zwischen Inhalten (der sagbaren Dinge), und zwar getrennt von ihren materiellen Trägern. Ergänzend zu ihrer Darstellung des Sagbaren als eine der vier Arten von unkörperlichen Dingen unterschieden die Stoiker *Signifikanten (semainonta)* von *Signifikaten* oder Bedeutungen *(semainomena)*. Bedeutungen sind unkörperliche sagbare Dinge (hiermit ist also die inhaltliche Seite gemeint), während das Studium der Signifikanten eine Untersuchung der physischen Voraussetzung der Kommunikation (Laute, Wörter, grammatikalische Analyse und so weiter) war – und damit im Wesentlichen neben der Logik und der Sprachphilosophie die Grundlagen für die Linguistik legte.

Die Logik im engeren fachlichen Sinn befasst sich mit einer Teilmenge von sagbaren Dingen und Bedeutungen. Was die Stoiker als »vollständige« sagbare Dinge bezeichneten, sind *axiōmata*, die dem, was wir heute unter Propositionen verstehen, sehr nahe kommen. Ein *axiōma* ist ein Inhalt, der entweder wahr oder falsch ist, anders als beispielsweise der Inhalt eines Wunsches oder eines Befehls, und die Beziehungen zwischen solchen Dingen – die wir der Einfachheit halber auch als Propositionen bezeichnen könnten – sind der Stoff und die Substanz logischer Beziehungen. Ihre Logik steht also dem nahe, was wir als Aussagenlogik bezeichnen würden, im Gegensatz zur klassischen aristotelischen Logik, bei der die Grundeinheiten, deren formale Beziehungen analysiert werden, *Begriffe* sind, die sich auf verschiedene Weise aufeinander beziehen (prädizieren). Wenn Propositionen zur Grundeinheit der Analyse werden, erhalten wir eine Form der Logik, deren zentrale Bedeutung von den Stoikern eingeführt, jahrhundertelang vergessen oder vernachlässigt und dann in der Neuzeit wiederbelebt wurde, um schließlich die tragende Säule der heutigen Logikforschung zu werden.

Von der logischen Theorie des Chrysipp sind nur Fragmente erhalten geblieben – doch es ist klar, dass er sicherlich der Vorreiter und das Genie der stoischen Logik war, auch wenn viele andere, die späteren Generationen angehörten, ebenfalls wichtige Beiträge leisteten. Was uns noch von Chrysipp vorliegt, zeigt sein lebhaftes Interesse an den Grundlagen der Logik. Chrysipp scheint davon ausgegangen zu sein, dass sich in der einfachen assertorischen Logik (im Gegensatz zum Beispiel zur Modallogik, mit der er sich ebenfalls eingehend beschäftigte) alle gültigen Schlussfolgerungen auf Kombinationen von fünf grundlegenden und ohne eines weiteren Beweises gültigen Argumentationsarten reduzieren lassen, und zwar mithilfe mehrerer anderer logischer und metalogischer Prinzipien. Im Folgenden sind diese Argumentationsarten aufgeführt. An dieser Stelle sei auf die stoische Verwendung von »Variablen« (»das Erste«, »das Zweite« und so weiter) hingewiesen, die eher für Propositionen als für Begriffe stehen, wie in der aristotelischen Logik (»alles A ist B« und so weiter).

Die stoischen assertorischen Argumentationsarten

I

Wenn das Erste, dann das Zweite.
Nun das Erste.
Also das Zweite.

II

Wenn das Erste, dann das Zweite.
Nun nicht das Zweite.
Also nicht das Erste.

III

Nicht sowohl das Erste als auch das Zweite.

Nun das Erste.
Also nicht das Zweite.

IV
Entweder das Erste oder das Zweite.
Nun das Erste.
Also nicht das Zweite.

V
Entweder das Erste oder das Zweite.
Nun nicht das Zweite.
Also das Erste.

Die Stoiker beschränkten sich nicht auf solch einfache Analysen, sondern beschäftigten sich auch intensiv mit der modalen Syllogistik und anderen Forschungsbereichen der Logik, und zwar mit einer Scharfsinnigkeit, die in einigen Fällen erst im 20 Jahrhundert ihre Entsprechung fand. Die Stoiker befassten sich auch umfassend mit anderen nichtassertorischen Satzformen, mit verschiedenen logischen Rätseln und ihren Lösungen sowie mit Paradoxien wie dem Lügner, der behauptet »Ich lüge gerade«, sodass wir nicht feststellen können, ob es sich hierbei um eine wahre oder um eine falsche Aussage handelt. Andere Logiker in der Antike, wie Aristoteles und seine Anhänger, hatten sich ebenfalls mit dieser Art von Problemfällen befasst, aber die Stoiker waren so große Spezialisten für logische Rätsel und Probleme, dass sie den anderen weit voraus waren – so weit sogar, dass spätere Stoiker wie Seneca und Epiktet monierten, welch immense Menge an Energie in diesen Teil der Philosophie floss; sie meinten, vielleicht zu Recht, dass dies die Aufmerksamkeit von den wichtigeren Bereichen der Philosophie ablenke: Physik und Ethik und deren praktische Anwendung. Trotz dieses Protests (den einige unserer Zeitgenossen vielleicht nachempfinden mögen, wenn man bedenkt, wie viel Aufmerksamkeit einigen äußerst speziellen Bereichen der philosophischen Forschung gewidmet wird) verstanden Epiktet und Seneca die stoische Logik sehr gut, und Epiktet war ein ausgezeichneter Lehrer in diesem Fach. Es muss jedoch gesagt werden, dass die Begeisterung für die Feinheiten der Logik eine sehr fachbezogene »innerschulische« Angelegenheit war und andere Anhänger der Stoa, wie etwa Mark Aurel, dazu neigten, die Logik insgesamt abzulehnen, weil sie die Zeit nicht wert sei. Damit folgten sie einem Trend, der sich schon früh in der Geschichte der Schule mit Ariston von Chios, einem der ersten Schüler Zenons, entwickelte.

Trotz der vereinzelten Ungeduld einiger Stoiker lohnt es sich, einige der wichtigsten Entwicklungen in der stoischen Logik zu betrachten, insbesondere solche, die mit anderen Bereichen ihrer Philosophie in Wechselwirkung stehen. Ein solcher Sachverhalt ergibt sich aus ihrer Analyse der Modalbegriffe (möglich, notwendig und so weiter), ein Thema, das schon für sich genommen interessant ist und eng mit den stoischen Bedenken gegen den Determinismus zusammenhängt (siehe Kapitel 4). Soweit wir wissen, gehen die wichtigsten Entwicklungen in diesem Bereich nicht auf den Gründer der Stoa, Zenon, sondern auf Chrysipp zurück – dessen umfangreiche Bibliographie mindestens hundert Titel zu verschiedenen Themen der Logik enthält. Es sagt viel über die Entwicklung der Philosophie im Hellenismus aus, dass die Theorien von Chrysipp in diesem Fachbereich nicht als *direkte* Reaktion auf Platon oder sogar Aristoteles entstanden sind. Vielmehr waren sie in erster Linie eine Reaktion auf die herausfordernden Theorien, die im späten 4. und frühen 3. Jahrhundert v. Chr. von einer Gruppe von Philosophen vorgebracht wurden, die sich mit einer Vielzahl von philosophischen Problemen im Zusammenhang mit Modalität, Semantik und Dialektik befassten. Zumindest einige dieser Philosophen gingen den Problemen bezüglich des Determinismus nach, die bereits Aristoteles in seiner Erörterung kontingenter Aussagen über die Zukunft in *De interpretatione* umgetrieben hatten. Das berühmte Beispiel lautet »Morgen wird es eine Seeschlacht geben«, eine Behauptung, die im Hinblick auf ewige Wahrheiten nicht notwendig ist, ebenso wie etwa die Vorhersage »Pferde werden morgen vier Beine haben« oder »Dreiecke werden morgen zweidimensionale Figuren sein, die von drei Geraden begrenzt werden«. Die Menschen der Antike waren im Allgemeinen davon überzeugt, dass die beiden letztgenannten Vorhersagen zwangsläufig wahr sind, und deshalb machte sich niemand große Gedanken über den Determinismus. Bei der Vorhersage von kontingenten, also ungewissen (nicht notwendigen, aber möglichen), Ereignissen wie Seeschlachten liegen die Dinge jedoch anders. Entweder ist die Aussage über die Zukunft wahr, dann besteht die Sorge darin, dass das Ereignis bereits feststeht und notwendigerweise eintritt (in diesem Fall sind alle diplomatischen Bemühungen, die Schlacht zu vermeiden, sinnlos), oder sie ist nicht wahr, dann besteht die Sorge darin, dass das Nichteintreten der Schlacht ebenfalls notwendig ist (in diesem Fall besteht keine Notwendigkeit, die Diplomatie zu bemühen, da die falsche Vorhersage nur ein falscher Alarm ist). Wenn die Aussage aber weder wahr noch falsch ist, dann scheint ein grundlegendes logisches Gesetz gebrochen worden zu sein (nämlich dass alle wohlgeformten Propositionen entweder wahr oder falsch sind). Es bleibt allerdings anzumerken, dass auch die Stoiker sich einer solchen Kritik an ihrem Determinismus ausgesetzt sahen (das Argument wurde »das faule Argument« genannt), und ihre

Antwort darauf beruhte auf der sogenannten Lehre von den »mit vorherbestimmten Ereignissen«: Wenn es vom Schicksal vorherbestimmt ist, dass die Seeschlacht abgewendet wird, dann sind auch die Verhandlungen, die zu diesem Ergebnis führen, vom Schicksal vorherbestimmt, da sie kausal so eng miteinander verbunden sind, dass das eine nicht ohne das andere geschehen kann.

Die beiden wichtigsten Mitglieder dieser Philosophengruppe waren Philon, der aus der Stadt Megara stammte, und Diodoros Kronos – von Ersterem stammt die Bezeichnung der Gruppe, unter der sie üblicherweise bekannt ist: »die Megarer«. Um Probleme wie das der Seeschlacht anzugehen, muss man gründlich darüber nachdenken, was Begriffe wie »möglich« und »notwendig« bedeuten. Philon stellte sich der Herausforderung und schlug vor, dass das *Mögliche* eine Proposition ist, die ihrem Wesen nach wahr sein kann, und dass das *Notwendige* eine Proposition ist, die wahr ist und ihrem Wesen nach nicht falsch sein kann; daraus folgten Definitionen des *Nichtnotwendigen* und des *Unmöglichen*. Diodoros definierte die Modalbegriffe auch in Bezug auf die Wahrheit, er stützte sich jedoch nicht auf die Vorstellung, dass eine Proposition ihrem Wesen nach wahr oder falsch sein könne. Vielmehr zog er bei der Definition der grundlegenden Modalbegriffe nichts anderes als den tatsächlichen Wahrheitswert heran. Für Diodoros ist das *Mögliche* das, was wahr ist oder sein wird; das *Unmögliche* ist das, was falsch ist und nicht wahr sein wird; das *Notwendige* ist das, was wahr ist und nicht falsch sein wird; und das *Nichtnotwendige* ist das, was jetzt falsch ist oder falsch sein wird.

Die Definition von Modalbegriffen ausschließlich anhand des Wahrheits- und Falschheitsgehalts hat etwas bestechend Einfaches an sich, wenngleich wir anmerken sollten, dass in dieser antiken Debatte davon ausgegangen wird, dass Propositionen ihren

Wahrheitswert ändern können: Eine einzelne Proposition (»Rover beißt den Postboten«) ist heute falsch, wird morgen aber wahr sein. Der Ansatz von Diodoros macht jedoch ein Problem des Determinismus sichtbar: Zusammengenommen scheinen diese Definitionen zu bedeuten, dass etwas, das nicht passieren wird, gar nicht möglich ist, und dass etwas, das passieren wird, daher notwendig ist. Wenn es stimmt, dass es morgen keine Seeschlacht geben wird, dann ist es auch unmöglich, dass es eine geben wird. Und schon sind wir wieder bei den Problemen des Determinismus angelangt: Es stellt sich heraus, dass es entweder notwendig ist, dass es morgen eine Seeschlacht gibt (wenn sie denn überhaupt stattfindet), oder unmöglich (wenn sie morgen nicht stattfindet). Diodoros hatte ein kluges Argument zur Hand, mit dem er seine Auffassung von Notwendigkeit und Möglichkeit untermauerte, die sogenannte gebietende Schlussfolgerung (wie im folgenden Kasten dargelegt). Epiktet berichtet, dass mehrere Stoiker, darunter auch Chrysipp, verschiedene Antworten darauf prüften. Es scheint, dass die Debatte über all diese Fragen für die Stoiker deshalb so außerordentlich wichtig war, weil sie selbst das Bedürfnis hatten, einen Weg zu finden, den kausalen Determinismus mit der Vermeidung der Art von Notwendigkeit unter einen Hut zu bringen, welche die Anerkennung der menschlichen Möglichkeiten untergraben würde.

Epiktet: *Unterredungen*

Die gebietende Schlussfolgerung scheint von solchen Behauptungen ausgehend entwickelt worden zu sein, die generell im Widerspruch zueinander stehen: (1) Alles vergangene Wahre ist notwendig; (2) das Unmögliche folgt nicht aus dem Möglichen; (3) es ist etwas möglich, das weder wahr ist noch wahr sein wird. In Anbetracht dieses Konflikts nutzte Diodoros die Wahrscheinlichkeit der ersten beiden Sätze, um daraus die Schlussfolgerung zu ziehen, dass nichts möglich ist, das weder wahr ist noch wahr sein wird [das Gegenteil der dritten Behauptung]. Aber irgendjemand wird dieses Paar an Propositionen beibehalten: dass es etwas Mögliches gibt, das weder wahr ist noch wahr sein wird, und dass das Unmögliche nicht aus dem Möglichen folgt; aber er hält fest, dass nicht alles vergangene Wahre notwendig ist [das Gegenteil der ersten Behauptung]. Dies scheint die Position von Kleanthes und seinen Anhängern zu sein, die von Antipater stark unterstützt werden. Andere wiederum behalten das andere Satzpaar, dass etwas möglich ist, das weder wahr ist noch wahr sein wird, und dass alles vergangene Wahre notwendig ist; sie meinen jedoch, dass aus dem Möglichen etwas Unmögliches folgen kann [das Gegenteil der zweiten Behauptung]. Alle drei Propositionen gleichzeitig zu vertreten ist jedoch unmöglich, weil sie sich generell widersprechen.

Wenn mich jemand fragt: »Welches Paar behältst du?«, antworte ich: »Ich weiß es nicht. Aber ich habe durch Nachforschungen herausgefunden, dass Diodoros ein Paar vertritt, Panthoides, Kleanthes und ihre Anhänger ein anderes Paar und Chrysipp das verbleibende Paar.« »Aber was ist mit dir?« Ich bin gar nicht dazu gekommen, meine Vorstellung zu überprüfen, zu vergleichen, was die Leute zu diesem Thema sagen, und mir eine eigene Meinung darüber zu bilden. Insofern bin ich nicht besser als ein Grammatiker. »Wer war der Vater von Hektor?« Priamos. »Wer waren seine Brüder?« Alexandros und Deiphobos. »Wer war ihre Mutter?« Hekabe.

Das habe ich bei meinen Nachforschungen herausgefunden. »Wer war deine Quelle?« Homer. Aber ich glaube, dass auch Hellanikos und vielleicht noch andere wie er über dieselben Themen schreiben. Und was die gebietende Schlussfolgerung anbelangt, was könnte ich dazu noch anführen, das besser wäre? Aber wenn ich ein Aufschneider wäre, könnte ich die Leute bei einem Gastmahle beeindrucken, indem ich die aufzähle, die darüber geschrieben haben. »Chrysipp hat sich darüber brillant im ersten Buch seines Werkes über das Mögliche ausgelassen. Und Kleanthes schrieb ein eigenes Buch über das Problem, ebenso wie Archedemos. Auch Antipater hat darüber geschrieben, nicht nur in seinem Buch über das Mögliche, sondern auch eigens in seinem Buch über die gebietende Schlussfolgerung. Hast du es denn nicht gelesen?« »Nein.« »Du musst es lesen.« Und was wird ihm das bringen? Er wird nur ein noch aufdringlicherer Schwätzer sein, als er es jetzt schon ist. Und was dich angeht, was hast noch anderes davon gehabt, dass du das Buch gelesen hast? Welche Meinung hast du dir zu diesem Thema gebildet? Keine, du erzählst uns nur von Helena und Priamos und der Insel der Kalypso, die es nie gab und nie geben wird! In diesem Bereich ist es nicht schlimm, wenn man zwar die Recherche beherrscht, sich aber keine eigene Meinung bildet. Aber in der Ethik fallen wir dem viel mehr zum Opfer als in der Literatur. »Erzähle mir von dem Guten und dem Bösen.« »Hör zu: Ein Wind trieb mich von Troja zu den Kikonen [*Odyssee* 9.39]. Manche Dinge sind gut, manche schlecht, manche gleichgültig. Das Gute sind die Tugenden und das, was an ihnen teilhat, das Schlechte sind die Laster und das, was an ihnen teilhat, und das Gleichgültige ist das, was zwischen beiden liegt, wie Reichtum, Gesundheit,

> Leben, Tod, Vergnügen und Schmerz.« Wo hast du das gelernt? »Hellanikos sagt es in seinen ägyptischen Erzählungen.« Denn was ist so anders daran, dies zu sagen, als dass es Diogenes in seiner Sittenlehre gesagt habe oder Chrysipp oder Kleanthes? Hast du irgendetwas von diesen Dingen geprüft und bist zu einer eigenen Meinung gekommen? Zeige mir, wie du dich zu verhalten pflegst, wenn dein Schiff von einem Sturm gebeutelt wird. Erinnere dich an diese Einteilung, wenn das Segel reißt und du laut schreist, und ein boshafter Kerl kommt zu dir und sagt: »Sage mir noch einmal, bei den Göttern, was du gerade gesagt hast. Ein Schiffbruch ist doch bestimmt nichts Schlechtes, denn er hat schließlich nichts mit dem Laster zu tun.« Wirst du da nicht ein Stück Holz ergreifen und es gegen ihn schwingen? »Hey du! Was geht dich das an? Wir gehen unter, und du kommst und machst Witze!« (2.19.1–16)

Und so entwarf Chrysipp auch Definitionen der wichtigsten Modalbegriffe, wobei er eine logische Herausforderung nutzte, um seine Theorien der Physik und der Ethik zu untermauern. Ihm zufolge ist das *Mögliche* eine Proposition, die wahr sein kann und nicht durch äußere Faktoren daran gehindert wird, wahr zu sein, und das *Notwendige* ist entweder wahr und kann nicht falsch sein, oder es kann falsch sein, wird aber durch äußere Faktoren daran gehindert, falsch zu sein. Man sieht sofort, dass er neben dem reinen Wahrheits- und Falschheitsgehalt von Propositionen, auf die sich Diodoros beschränkt hat, auch andere Überlegungen einbringt, aber dennoch einige Merkmale der Theorie von Diodoros übernimmt.

Die wissenschaftliche Debatte darüber, wie die stoischen Modalitäten funktionieren sollten, geht natürlich weiter. Aber für unsere

Zwecke ist das interessanteste Merkmal ihrer Theorie die Art und Weise, wie sie mit ihren Sorgen über Determinismus und Kompatibilismus zusammenhängt. Nehmen wir einmal die Situation des berühmten römischen Staatsmannes Cicero, der selbst eher einer akademischen als einer stoischen Philosophie anhing. Aus seiner Korrespondenz (*Briefe an Atticus* 16.7) wissen wir, dass der arme Cicero an einem entscheidenden Punkt des Bürgerkriegs darüber debattierte und schwankte, ob er die Stadt verlassen oder bleiben und sich für seine politischen Ziele in Rom einsetzen sollte. Nachdem er lange beklommen mit sich gerungen hatte, entschied er sich, zu fliehen, wurde aber dennoch von seinen Feinden gefasst und hingerichtet. Stellen wir uns vor, wir wären an seiner Seite, während er darüber nachdenkt, was er tun soll, und betrachten wir aus stoischer Sicht die Proposition »Cicero wird morgen Rom verlassen«. Es ist eine wahre Proposition, was bedeutet, dass es sich nach den Definitionen von Diodorus um eine Notwendigkeit handelt. Aber nach den Definitionen von Chrysipp kann die Vorhersage wahr sein, ohne notwendig zu sein. Obwohl Ciceros Entscheidung zu fliehen, kausal determiniert ist, wie alles nach Ansicht der Stoiker, ist sie doch eher möglich als notwendig. Um zu sehen, wie das funktioniert, erinnern wir uns daran, wie die Stoiker menschliches Handeln erklären. Unsere Entscheidungen sind alle kausal bedingt, aber jede ist durch zwei Faktoren bedingt: durch äußere Umstände und durch den eigenen Charakter. Für Cicero sind die äußeren Faktoren klar: die wachsende Macht seines Feindes Antonius und die damit verbundene Gefahr einer sofortigen Verhaftung und Hinrichtung, wenn er bleibt. Dies ist der äußere Reiz (der Eindruck einer drohenden Gefahr), der ihn zur Flucht veranlasst. Der andere Faktor ist sein persönlicher Charakter, eine innere Ursache für seinen endgültigen Entschluss, zu fliehen; Ciceros Patriotismus veranlasste ihn zu dem Versuch, zu überleben, um noch einen weiteren Tag für seine geliebte Republik zu kämpfen, aber sein schlechtes Urteilsvermögen ließ ihn glauben, dass er mit seinem Plan Erfolg haben könnte. Chrysipps Definition des Möglichen spiegelt diese Situation wider. Das Mögliche ist das, was wahr sein kann und nicht durch *äußere* Faktoren daran gehindert wird, wahr zu sein. Ciceros Flucht kann wahr sein – diese Entscheidung liegt in seiner Macht; und sie wird nicht durch äußere Faktoren verhindert (wie beispielsweise eine Gefangennahme und Inhaftierung, bevor er auch nur sein Haus verlassen konnte). Wir erkennen, dass Ciceros letztlich vergebliche Flucht zwar vorherbestimmt, aber nicht notwendig war – nach Chrysipps Definition wäre die Alternative möglich gewesen. Und warum war die Alternative möglich? Das Einzige, was sie hätte verhindern können, war etwas *Inneres*, sein persönlicher Charakter und sein Temperament.

Hier haben wir ein klares Beispiel vor Augen, wie die Logik mit der Physik und der Ethik verwoben ist. Die kausale Erklärung von Ciceros Flucht ist deterministisch, wie es die stoische Physik verlangt, und wir können sehen, dass die Schicksalslehre durch sie veranschaulicht wird – es gibt einen äußeren Reiz beziehungsweise Impuls, der mit inneren Faktoren, wie Ciceros Charakter, interagiert. Die ethische Bedeutung von Ciceros Entscheidung liegt auf der Hand, denn er hat eine echte Wahl getroffen, ob er fortgehen oder bleiben soll, und zwar auf der Grundlage seiner Werte, seiner Einschätzung der Situation und seines Denkvermögens. Er zögerte – oder besser gesagt, er *überlegte*, was er tun sollte; und er war für seine Entscheidung verantwortlich. Ein allwissender Beobachter hätte sicherlich vorhersagen können, wie die Überlegung ausgehen würde, aber Cicero selbst konnte es nicht; er verfügte nicht über die Art von tiefgreifender Selbsterkenntnis, die ihn dazu hätte bringen können, sein eigenes Verhalten vorherzusagen – eine hypothetische Selbsterkenntnis, die ihn vielleicht gelähmt hätte. Nichts von alledem könnte als Erklärung für Ciceros Handeln herhalten, wenn ein Kritiker erfolgreich behaupten könnte, seine Flucht wäre notwendig gewesen, aber die Neudefinition des Begriffs des Möglichen vereitelt einen solchen Schritt eines hypothetischen Kritikers. Wie wir gesehen haben, wird die Logik von den Stoikern nicht nur als ein Fachgebiet behandelt, das für Experten von besonderem Interesse ist; sie ist auch ein Schutzwall um die Kernlehren der Physik und der Ethik. Ihre Logik ermöglicht es den Stoikern, ihre Darstellung von Ciceros Handeln als Antwort auf ein moralisches Dilemma als vorherbestimmt, aber nicht notwendig zu verteidigen. Dieser Punkt ist recht subtil, aber er ist ein klassisches Beispiel für die Anwendung stoischer Logik auf einen konkreten Fall.

Ein weiteres Beispiel dafür, wie die stoische Logik für systematische Zwecke eingesetzt wird, finden wir, wenn wir uns für einen Moment auf eines der Lieblingswörter eines jeden Logikers konzentrieren: »wenn«. Sätze, die durch »wenn ... dann« verbunden sind, werden als Konditionale bezeichnet (die bestimmte Bedingungen definieren). Verschiedene Systeme der Logik interpretieren die Konditionalen auf unterschiedliche Weise. Wie die Modalbegriffe der Stoiker müssen auch die Konditionalen vor dem Hintergrund der megarischen Logiktheorien betrachtet werden. Philon und Diodoros brachten beide Konditionale auf, die wir als »wahrheitsfunktional« klassifizieren würden. Das heißt, bei einer Bedingung wie »wenn p, dann q« wird die Wahrheit des Konditionals allein durch die Wahrheit der beiden Teilsätze beziehungsweise Propositionen p und q bestimmt. Philon vertrat die Ansicht, dass ein solches Konditional nur dann falsch ist, wenn p wahr und q falsch ist; andernfalls ist es wahr, unabhängig von jeder anderen Beziehung zwischen p und q.

Dies führt zu der seltsamen Folge, dass Konditionale wie »Wenn es Tag ist, habe ich blaue Augen« den ganzen Tag über wahr sind – obwohl es keinen logischen oder kausalen Zusammenhang zwischen meiner Augenfarbe und dem Stand der Sonne im Verhältnis zur Erde gibt –, und die noch seltsamere Folge, dass das Konditional nachts wahr ist. Denn wenn »es Tag ist« falsch ist, dann ist es nicht so, dass das Konditional mit einer Wahrheit beginnt und mit einer Unwahrheit endet, was es nach Philons Auffassung wahr macht.

Logiker werden zustimmen, dass an dieser Art von Konditional – oft als materiales Konditional bezeichnet – nichts falsch ist und dass es vom Standpunkt der Logik aus betrachtet sogar einige echte Vorteile bietet. Aber wenn man Konditionale verwenden will, um tatsächliche Zusammenhänge in der Welt zu verstehen, wie es das Ziel der Stoiker war, wenn sie sich mit Physik oder Ethik beschäftigten, dann lässt das materiale Konditional etwas zu wünschen übrig. Das stoische Standardbeispiel eines Konditionals lautet: »Wenn es Tag ist, ist es hell.« Hierin zeigt sich schon der entscheidende Unterschied zwischen einem philonischen und einem stoischen Konditional. Für Chrysipp (der, wie wir glauben, für diesen Teil der logischen Lehre verantwortlich war) muss es einen signifikanten »Zusammenhang« *(synartêsis)* zwischen p und q geben; es ist dieser Zusammenhang, ob er nun rein begrifflich oder empirisch begründet ist, der die Verwendung von »wenn ... dann« legitimiert. Der Zusammenhang zwischen »es Tag ist« und »ist es hell« ist ziemlich offensichtlich – was man bei »Wenn es Tag ist, habe ich blaue Augen« nicht behaupten kann. Aber der Begriff des Zusammenhangs ist immer noch ein wenig informell, was für einen Logiker nicht ausreicht; deshalb hat Chrysipp die Dinge festgezurrt, indem er den Zusammenhang im Sinne eines »Konflikts« *(machê)* erklärt hat. Er hat wohl gesagt, dass ein Konditional wie

»wenn p, dann q« wahr ist, wenn p und nicht-q im Widerspruch zueinander stehen. Es gibt einen Konflikt zwischen »Es ist Tag« und »Es ist nicht hell« – man trifft diese beiden Zustände einfach nie zusammen an. Aber es gibt keinen solchen Konflikt zwischen »Es ist Tag« und »Meine Augen sind nicht blau«. Wenn ich zum Beispiel braune Augen hätte, würde die Sonne morgen trotzdem aufgehen. Es gibt schlichtweg keinen Zusammenhang zwischen meiner Augenfarbe und der Position der Sonne im Verhältnis zur Erde. Ein stoisches Konditional ist also im Gegensatz zu einem philonischen Konditional gut geeignet, um zuverlässig sinnvolle Aussagen über die Beziehungen zwischen Dingen in der realen Welt zu treffen, einschließlich kosmologischer Fakten, physikalischer Fakten und ethischer Fakten: Wenn man Wasser erhitzt, verdunstet es schneller; wenn eine Person tugendhaft ist, ist sie glücklich.

Die Bedeutung solcher logischer Zusammenhänge für den Ausdruck von Kausalbeziehungen verschiedener Art war so groß, dass die Stoiker, wenn ihre physikalische Theorie sie am Vorhandensein eines echten Kausalzusammenhangs zwischen p und q zweifeln ließ, es peinlich genau vermieden, ein Konditional zu verwenden, um ihn auszudrücken. Cicero (*Über das Schicksal* 11–15) schreibt zum Beispiel, dass es Fälle gab, in denen ein regelmäßiges Zusammentreffen von Ereignissen beobachtet wurde, aber zumindest einige Stoiker an einem direkten kausalen Zusammenhang zweifelten. So wollte Chrysipp im Bereich der Astrologie, die für die antiken Stoiker eine ordentliche physikalische Wissenschaft war, Folgendes nicht sagen: »Wenn jemand beim Aufgang des Sirius geboren wurde, wird er nicht auf dem Meer sterben.« Chrysipps Sorge war, dass die Geburt zu einem bestimmten Zeitpunkt – wenn sie denn einmal stattgefunden hat – notwendig ist und wenn die beiden Tatsachen durch ein Konditional verbunden wären, die Notwendigkeit des Ereignisses in der Vergangenheit auf die Behauptung über die Zukunft übertragen würde. Aber (wie wir bereits gesehen haben) sollten auch kausal bedingte Vorhersagen nicht *notwendig* sein, zumindest nicht alle von ihnen. Anstatt also das Konditional zu verwenden, um diese Beziehung auszudrücken, bestand Chrysipp darauf, zu sagen: »Es ist nicht sowohl der Fall, dass jemand beim Aufgang des Sirius geboren wurde, als auch der Fall, dass er nicht auf dem Meer sterben wird.« Die Beziehung wird mit einer »negierten Konjunktion« und nicht mit einem Konditional dargestellt, und da es keinen relevanten Zusammenhang *(synartêsis)* gibt, wird die Notwendigkeit nicht in die Zukunft übertragen.

Dies mag einem wie eine Spitzfindigkeit vorkommen. Schließlich ist »wenn p dann q« im philonischen, wahrheitsfunktionalen Sinne von »wenn« gleichbedeutend mit »nicht sowohl p als auch nicht-q«. Es mag also so aussehen, als ob Chrysipp nur mit Worten spielt, um ein Problem für seine Theorie zu umgehen – eine Kritik, mit der sich die Stoiker häufig auseinandersetzen mussten (ein Kritiker nannte sie »Wortkrieger« [Clemens von Alexandria, *Stromateis* 2.7.33]), und der spätere Akademiker Antiochos warf den Stoikern vor, sie seien zwar sprachlich innovativ, verträten aber in Wirklichkeit die gleichen Ansichten wie einige andere Philosophen auch. Aber der Unterschied zwischen einem philonischen »wenn« und einem chrysippischen »wenn« ist nicht bloß eine Erfindung zur Lösung dieses speziellen Problems. Die Vorstellung, dass »wenn … dann« eine Art von »realem« Zusammenhang zwischen zwei Zuständen oder Propositionen anzeigt, ist intuitiv und der natürlichen Sprache viel näher als Philons revisionistisches Verständnis von »wenn« als materialem Konditional. Wenn jemand »mit Worten spielt«, um ein Problem zu lösen, dann sind es ausnahmsweise nicht die Stoiker!

Allerdings zeigt Chrysipps Beharren auf der Neufassung der astrologischen Vorhersage in eine wahrheitsfunktionale Form (wobei er die Verwendung von »wenn« vermeidet), dass er einmal mehr die logische Theorie einsetzt, um stoische Positionen in Physik und Ethik zu verteidigen. Das bedeutet natürlich nicht, dass die logische Theorie nicht ernst zu nehmen wäre oder dass es sich nicht um einen echten philosophischen Beitrag handelte. Es zeigt nur, dass die Analogien, die zur Veranschaulichung der Beziehung zwischen den drei Bereichen der Philosophie verwendet werden, uns viel darüber erzählen, wie die Stoiker sich ihre Philosophie gedacht haben und wie der Stoizismus funktionieren sollte.

KAPITEL 7

STOIZISMUS, DAMALS UND HEUTE

Man könnte im 21. Jahrhundert wohl nur schwer behaupten, dass die Details der antiken stoischen Kosmologie zu erlernen oder die syllogistische Theorie des Chrysipp zu beherrschen, Teil eines Plans für ein besseres Leben, für das Erreichen von Glückseligkeit, Ausgeglichenheit oder Zufriedenheit wäre. Sicherlich wäre es für viele Menschen interessant und intellektuell lohnend, sich mit diesen Themen zu befassen, aber der Schlüssel zu einem guten Leben liegt in unserer heutigen Zeit nicht darin. Und doch suchen die Menschen noch immer im Stoizismus nach Anleitung und Inspiration, um genau solche Ziele zu erreichen, und nach allem, was man hört, haben viele damit Erfolg. Wir haben diese kurze Einführung – eben *Stoizismus für Eilige* – mit einer Reflexion über den immensen Unterschied zwischen der zeitgenössischen Rezeption des Stoizismus und dem akademischen Studium der antiken Schule, die seine

Inspiration bleibt, begonnen – und die Kluft zwischen diesen beiden Arten, sich mit der von Zenon von Kition gegründeten Schule zu beschäftigen, kann enorm erscheinen.

Indem wir die Geschichte des Einflusses des Stoizismus seit seiner Wiederentdeckung in der Renaissance betrachteten, haben wir eine Möglichkeit kennengelernt, wie diese beiden Ansätze miteinander in Fühlung gebracht werden können: Die Bedeutung von Epiktet und Mark Aurel – und in geringerem Maße von Seneca – in der zeitgenössischen Rezeption des Stoizismus hat es nahegelegt, sich in erster Linie auf sein Potenzial als Quelle für moralische Ratschläge und Inspiration zur Selbstoptimierung zu konzentrieren. *About Stoicism Today* und andere Werke dieser Art, von denen einige fast schon eine evangelikale Haltung an den Tag legen, spiegeln in hohem Maße den Stoizismus wider, wie er in der Renaissance wiederbelebt wurde – moderne Inkarnationen jener Art von kulturellen Kräften, die häufig die antiken Originale aufgegriffen und adaptiert haben. Seit der Renaissance war uns dies nur für die wenigen Werke möglich, die zufällig aus der Antike erhalten geblieben sind, und das hat unser heutiges Verständnis dessen, was der Stoizismus für uns bedeuten kann, stark geprägt. Die drei wichtigsten stoischen Autoren, deren Werke überdauert haben, haben die praktische Seite der Ethik und der moralischen Praxis als den Kern des stoischen Denkens dargestellt. Aufgrund dieser Fokussierung treten die Physik (die in Senecas *Naturwissenschaftliche Untersuchungen* die Hauptrolle spielt) oder die Logik (ein wichtiges Thema bei Epiktet, dessen Darstellung der gebietenden Schlussfolgerung eine wesentliche Quelle für unser Wissen über die stoische Modaltheorie ist) in den Hintergrund, selbst wenn sich die Werke dieser Autoren damit befassen. Jüngere Werke, die im Rahmen der gegenwärtigen Wiederbelebung des Stoizismus entstanden sind, enthalten weder

Passagen über die Syllogistik des Chrysipp noch über den kosmischen »Weltenbrand«.

Eine weitere Möglichkeit, diese beiden Ansätze miteinander zu verbinden, besteht darin, die Vielfalt innerhalb der antiken Schule näher zu betrachten. Wie bereits erwähnt gab es innerhalb des Stoizismus zwei Tendenzen: den umfassenden Stoizismus, der zum Standard wurde und darauf abzielte, die Physik (einschließlich Kosmologie und Theologie) und die Logik mit der Ethik zu verbinden, und den minimalen Stoizismus, dessen Anhänger der Ansicht waren, man benötige lediglich die Ethik. Der minimale Stoizismus wird am stärksten mit Zenons Schüler Ariston von Chios in Verbindung gebracht, doch sein Einfluss war bis zum Ende der Stoa in der Antike spürbar (er wurde sowohl von Seneca als auch von Mark Aurel positiv erwähnt), während der umfassende Stoizismus den Sieg von Kleanthes und Chrysipp im Wettstreit um die Deutungshoheit über das Werk des Gründers darstellt. Die Stoiker unserer Zeit, die sich in erster Linie um die Verbesserung des menschlichen Lebens durch die Verbesserung der moralischen Tugend bemühen und dabei die Physik und die Logik beiseitelassen, können sich als Erben von Aristons Tradition betrachten, die auf die Anfänge der Schule zurückgeht. Nicht nur unser heutiges Vertrauen in Mark Aurel, Epiktet und Seneca gibt dieser Bewegung Auftrieb; eine starke Konzentration auf ethische Verbesserung ist ebenfalls ein authentischer Bestandteil des antiken Stoizismus.

Aber wie wir gesehen haben, ist das nicht alles. Die Philosophen, die darauf bestehen, dass das Ziel des Lebens, das Ziel der Tugendhaftigkeit, darin besteht, im Einklang mit der Natur zu leben, kommen letztlich nicht umhin, diese Natur zu studieren. Wie sollten wir sonst wissen, woran wir uns halten sollen? Ebenso wenig kann jemand, der danach strebt, die Natur zu verstehen, oder sogar danach, sich auf vernünftige Weise ethisch zu verhalten, das Studium des Denkens, also der Logik, außer Acht lassen. Ein Stoiker in der heutigen Zeit könnte also durchaus etwas verpassen, wenn er sich zu sehr dem minimalen Stoizismus oder der praktischen Ethik allein verschreibt. Hier stellen sich interessante Fragen über das Verhältnis zwischen unseren beiden Arten, sich mit dem Stoizismus zu beschäftigen. Wie viel von der alten stoischen Logik braucht der Stoiker heutzutage? Wohl kein bisschen, solange er sein Leben voll und ganz nach der Vernunft ausrichten will und sich die derzeit besten Grundregeln für logisches Schlussfolgern zu eigen gemacht hat. Insofern als die stoische Logik in der antiken Schule eine unterstützende Rolle spielte, sollten wir sie durch moderne Theorien und Praktiken des logischen Denkens ersetzen können – wie es viele heutige Stoiker in der Praxis auch tun.

Wenn wir uns fragen, wie wir es mit der stoischen Physik halten sollen, wird es jedoch komplizierter. Die antiken Stoiker, von Zenon bis Mark Aurel, betrachteten den ethischen Fortschritt im Kontext einer Naturphilosophie, die auf einer Art kosmischem Holismus beruht, der deterministisch und vorsehungsorientiert ist, gelenkt von einer göttlichen Intelligenz, mit der sich der Mensch in Einklang bringen muss. Die Stoiker behaupteten in ihrer Physiktheorie, dass der Mensch Zugang zu einer gottähnlichen Rationalität hat, die jene Vernunft widerspiegelt, welche die Welt steuert, dass wir als Spezies allem anderen in der Natur überlegen sind und alle anderen Tiere existieren, um unseren Interessen zu dienen. Die gesamte Natur besteht demnach aus vier Elementen (Erde, Luft, Feuer und Wasser) und bildet einen einzigartigen und endlichen Kosmos, in dessen Zentrum unsere Erde steht. Und so weiter. Die alte stoische Physik ist also eindeutig überholt und kein vernünftiger Mensch kann mehr an sie glauben. Die alten Stoiker, die glaubten, dass das bestmögliche Leben ein Leben im Einklang mit der Natur sei, hatten dabei nicht nur die menschliche Natur im Sinn; sie strebten danach, darüber hinaus ein Leben im Einklang mit der Natur der gesamten Welt zu führen, der Welt, die von der stoischen Physik beschrieben wird. Für heutige Stoiker ist das sicherlich nicht möglich!

Dies ist natürlich ein Grund, warum die heutigen Stoiker zum minimalen Stoizismus tendieren. Das Leben im Einklang mit der Natur, das Zenon, Chrysipp, Seneca und Mark Aurel kannten, kann nicht unser Leben sein. Aber können wir eine gemeinsame Basis finden, wenn wir über die Beziehung zwischen unseren beiden Ansätzen zum Stoizismus nachdenken?

Die Antwort lautet größtenteils »Nein«. Aber auch wenn die stoische Physik, wie sie in diesem Buch skizziert wird, kein geeigneter Leitfaden für das heutige vernunftgesteuerte Leben ist, hat die Idee eines stoischen Lebens, das sich an den Rahmenbedingungen der Welt, in der wir leben, orientiert, etwas sehr Anziehendes. 1998 wagte der amerikanische Philosoph Lawrence Becker ein kühnes Gedankenexperiment und veröffentlichte ein Buch mit dem Titel *A New Stoicism*, das uns auffordert, den Stoizismus für die heutige Welt neu zu durchdenken. Das Problem ist, wie Becker so scharfsinnig erkannte, dass sich der Stoizismus der Antike nicht weiterentwickelt hat. Die stoische Wissenschaft war einst hochmodern (göttlich vorherbestimmte Teleologie und so weiter), und damals war es durchaus sinnvoll, vernünftigen Menschen zu sagen, dass sie im Einklang mit der Natur leben sollten – es bedeutete einfach, wie Becker es in Umformulierung des stoischen Credos ausdrückte, »den Fakten zu folgen«. Wenn die Erfüllung für einen vernunftbegabten Menschen darin besteht, dass er seine Vernunft einsetzt, um die Welt zu verstehen und sich in ihr zurechtzufinden, dann könnten sich viele, wenn nicht sogar die meisten von uns, mit diesem Ziel anfreunden. Das stoische »Leben im Einklang mit der Natur« könnte uns also trotzdem nach wie vor die Richtung vorgeben, nur dass unser heutiges Verständnis der natürlichen Welt, unser Sinn dafür, wie die »Fakten« in Wahrheit aussehen, gereift ist. Vielleicht müssen wir die Naturphilosophie nicht ad acta legen, um auch heutzutage eine Verbindung zum Stoizismus aufzubauen; vielleicht müssen wir einfach im Einklang mit unserem heutigen Verständnis der Natur leben und nicht nach der veralteten Kosmologie, die Mark Aurel so viel Trost spendete.

Aber wäre das Ergebnis immer noch der Stoizismus? In der modernen Wissenschaft (»die Fakten«, denen wir folgen sollen) hat die providenzielle Teleologie keinen Platz. Auch wenn wir den Determinismus vielleicht beibehalten können, müssen wir uns von der angenehmen Vorstellung verabschieden, dass der Mensch einen einzigartigen und besonderen Platz in einer Welt einnimmt, die nach einem göttlichen Plan verwaltet wird. Wir können nicht mehr davon ausgehen, dass die Welt und ihre Bewohner zu unserem Nutzen geschaffen wurden. Wir leben auf einem kleinen Planeten, der einen kleinen Stern umkreist, der sich in einer eher gewöhnlich erscheinenden Galaxie befindet, nur eine unter Milliarden. Was hat es mit dem Stoizismus zu tun, wenn wir unsere Vernunft einsetzen, um mit diesem Verständnis von Natur in Einklang zu leben? Beckers Buch zielt darauf ab, diese Frage zu beantworten, und es gibt keinen Zweifel am Ergebnis: Der Stoizismus in der Welt der modernen Wissenschaft ist anders – um zu erfahren, wie er sich vom Stoizismus der Antike unterscheiden könnte, müssen Sie nur Beckers Buch lesen (das Buch, *A New Stoicism*, gibt es nur auf Englisch, eine überarbeitete Ausgabe ist 2017 erschienen). Keine Zusammenfassung hier könnte dem gerecht werden, und sein Vorschlag ist sicherlich nicht der einzig mögliche.

Selbst wenn man den Stoizismus erheblich umgestalten würde, um ihn an die heutige Zeit und Welt anzupassen, indem man das veraltete Verständnis der natürlichen Welt gegen eines austauschen würde, das sich auf unsere gegenwärtig beste Wissenschaft stützt, würde sich das meiner Meinung nach immer noch lohnen. Der intellektuelle Reiz des antiken Stoizismus, so wie wir ihn in der modernen akademischen Forschung verstehen, liegt vor allem in seiner Integration, in seiner Vision einer Lebensweise, die darin wurzelt, die Vernunft zu gebrauchen, um durchs Leben zu steuern und unserer Natur als menschliche Wesen nachzukommen – und zwar im Kontext des besten verfügbaren Verständnisses unseres Platzes in dieser Welt. Die Stoiker der Antike glaubten – und das trifft vielleicht auch auf einige von uns zu –, dass das gute Leben in dem Maße besser ist, in dem es alles umfasst, was wir über unseren Platz in der Welt wissen können. Das entspricht natürlich der Vision des umfassenden Stoizismus, der Vision von Kleanthes und Chrysipp, nicht der des minimalen Stoizismus, wie er in der Philosophie von Ariston vorherrscht. Selbst diejenigen unter uns, die sich bei der Erforschung des Stoizismus auf Epiktet, Mark Aurel und Seneca beschränken, sollten sich von dieser Vision inspirieren lassen. Denn trotz ihrer scheinbar einseitigen Fokussierung auf die Ethik waren sie alle Anhänger des umfassenden Stoizismus. Sie alle glaubten an die providenziell organisierte Welt, die zu ihrer Zeit dem höchsten Stand der Wissenschaft entsprach. Es wäre eine verpasste Chance, wenn wir darauf, dass die antike stoische Physik überholt ist, mit einem Rückzieher reagieren und uns mit dem minimalen Stoizismus zufriedengeben würden. Wenn die Rekonstruktionen der antiken Schule für den heutigen Denker, der sich für den Stoizismus interessiert, irgendeinen Wert haben, dann liegt er in dieser eindrucksvollen, umfassenden Vision eines guten menschlichen

Lebens, das durch den unermüdlichen und unsentimentalen Gebrauch der Vernunft auf der Suche nach dem besten verfügbaren Verständnis der geordneten Welt, die uns umgibt, geleitet wird.

WEITERFÜHRENDE LITERATUR UND LITERATURVERZEICHNIS

Texte der antiken Stoiker

Brad Inwood und L. P. Gerson, *The Stoics Reader* (Indianapolis, 2008).

A. A. Long und D. N. Sedley, *The Hellenistic Philosophers* (Cambridge, 1987); auf Deutsch erschienen unter dem Titel *Die hellenistischen Philosophen.*

Diogenes Laërtius, *Lives of the Philosophers*; auf Deutsch erschienen unter: Diogenes Laertios, *Leben und Meinungen berühmter Philosophen.*

Epictetus, *The Discourses, the Handbook, Fragments,* Übers. Robin Hard (London, 1995); auf Deutsch sind Übersetzungen der Werke von Epiktet zum Beispiel unter den Titeln *Unterredungen, Handbüchlein der Moral* und *Fragmente* erschienen.

Epictetus *Discourses Book 1,* Übersetzung und Kommentar von Robert Dobbin (Oxford, 1998).

P. W. van der Horst, *Chaeremon: Egyptian Priest and Stoic Philosopher* (Leiden, 1987).

A. C. Bowen and R. B. Todd, *Cleomedes: Lectures on Astronomy* (Berkeley, 2004).

Marcus Aurelius, *Meditations*, Übers. Robin Hard (Ware, 1997); auf Deutsch unter dem Titel *Selbstbetrachtungen* erschienen.

Marcus Aurelius, *Meditations Books 1–6*, Übersetzung und Kommentar von Christopher Gill (Oxford, 2013).

Stoizismus im modernen Kontext

Patrick Ussher (Hrsg.), *About Stoicism Today*, Bd. 1 (Exeter, 2014).

Patrick Ussher mit Tom McConnell (Hrsg.), *About Stoicism Today*, Bd. 2 (Exeter, 2016).

Lawrence Becker, *A New Stoicism*, überarb. Aufl. (Princeton, 2017; orig. Aufl. 1998).

Elen Buzaré, *Stoic Spiritual Exercises* (Lulu, 2011).

Thomas Flynn, »Philosophy as a way of life: Foucault and Hadot«, *Philosophy and Social Criticism* 31 (2005): 609–22.

Michel Foucault, *The Care of the Self*, Übers. R. Hurley (New York, 1986); auf Deutsch erschienen unter dem Titel *Die Sorge um sich*.

Michel Foucault, *The Hermeneutics of the Subject*, Übers. G. Burchell (New York, 2005).

Pierre Hadot, *Philosophy as a Way of Life*, Übers. Michael Chase (Oxford, 1995); auf Deutsch erschienen unter dem Titel *Philosophie als Lebensform: Antike und moderne Exerzitien der Weisheit*.

Ryan Holiday und Stephen Hanselman, *The Daily Stoic: 366 Meditations on Wisdom, Perseverance and the Art of Living* (New York, 2016); auf Deutsch erschienen unter dem Titel *Der tägliche Stoiker: 366 nachdenkliche Betrachtungen über Weisheit, Beharrlichkeit und Lebensstil.*

Donald Robertson, *Stoicism and the Art of Happiness* (London, 2014); auf Deutsch erschienen unter dem Titel *Stoizismus und die Kunst, glücklich zu sein: Alte Weisheiten für moderne Herausforderungen.*

John Sellars (Hrsg.), *The Routledge Handbook of the Stoic Tradition* (London, 2016).

James Bond Stockdale, »The world of Epictetus«, *The Atlantic Monthly* (April 1978).

Wissenschaftliche Arbeiten und andere Lektüre

Keimpe Algra et al. (Hrsg.), *Cambridge History of Hellenistic Philosophy* (Cambridge, 1999).

Jonathan Barnes, *Logic and the Imperial Stoa* (Leiden, 1997).

Jonathan Barnes, »The same again: the Stoics and eternal recurrence«, *Method and Metaphysics* (Oxford, 2011), S. 412–28.

Susanne Bobzien, *Determinism and Freedom in Stoic Philosophy* (Oxford, 2002).

Susanne Bobzien, »Logic: the Stoics«, *The Cambridge History of Hellenistic Philosophy*, Hrsg. K. Algra et al. (Cambridge, 1999), S. 92–176.

Jacques Brunschwig, »The Stoic theory of the supreme genus and Platonic ontology«, *Papers in Hellenistic Philosophy* (Cambridge, 1994), bes. S. 118–45.

John Cooper, *The Pursuits of Wisdom: Six Ways of Life in Ancient Philosophy from Socrates to Plotinus* (Princeton, 2012).

Michael Frede, »The original notion of cause«, *Doubt and Dogmatism*, Hrsg. M. Schofield, M. Burnyeat und J. Barnes (Oxford, 1980), S. 217–49.

Miriam Griffin, *Seneca: A Philosopher in Politics* (Oxford, 1976/1992).

Ilsetraut Hadot, *Seneca und die griechisch-römische Tradition der Seelenleitung* (Berlin, 1969).

Ilsetraut Hadot, *Sénèque: direction spirituelle et pratique de la philosophie* (Paris, 2014).

Pierre Hadot, »Une clé des ›Pensées‹ de Marc Aurèle: les trois ›Topoi‹ philosophiques selon Épictète«, *Les Études Philosophiques* 1 (1978): 65–83.

Pierre Hadot, *The Inner Citadel: the Meditations of Marcus Aurelius*, Übers. Michael Chase (Cambridge, MA, 1998); auf Deutsch erschienen unter dem Titel *Die innere Burg*.

Pierre Hadot, *Marc Aurèle. Écrits pour lui-même. Introduction générale, Livre I* (Paris, 2002).

Brad Inwood (Hrsg.), *The Cambridge Companion to the Stoics* (Cambridge, 2003).

Brad Inwood und Pierluigi Donini, »Stoic ethics«, *The Cambridge History of Hellenistic Philosophy*, Hrsg. K. Algra et al. (Cambridge, 1999), S. 675–738.

A. A. Long, *Hellenistic Philosophy* (London, 1974); auf Deutsch erschienen unter dem Titel *Die hellenistischen Philosophen.*

A. A. Long, *Epictetus: Epictetus: A Stoic and Socratic Guide to Life* (Oxford, 2004).

Ada Palmer, »The recovery of Stoicism in the Renaissance«, *The Routledge Handbook of the Stoic Tradition*, Hrsg. John Sellars (London, 2016).

Malcolm Schofield, »Ariston of Chios and the unity of virtue«, *Ancient Philosophy* 4 (1984): 83–96.

John Sellars, *Stoicism* (London, 2006).

Simplicius *On Epictetus' Handbook*, Übers. Charles Brittain und Tad Brennan, 2 Bände (London, 2002).

REGISTER

A

B

C

D

E

F

G

H

P

R

S

T

U

V

W

X

Z